1 매일 읽는 인성교양교재

나무가 먹줄을 받으면 곧아지고

사자소학(四字小學) · 명심보감(明心寶鑑)

解說 및 編譯 尙 東 圭

사자소학(四字小學)

명심보감(明心寶鑑)

사자소학
四字小學

사자소학(四字小學)이란?

『사자소학』은 그 저자를 알 수 없으며, 내용은 인간의 윤리와 도덕에 입각하여 주자(朱子)의 『소학』과 기타 경전 중에서 아동들이 알기 쉬운 내용만을 뽑아서 만든 책입니다.

책의 구성은 네 글자(四字사자)가 한구(一句일구)로 되어 있으며, 내용은 다섯 가지 인륜(五倫오륜)의 차례를 따라서 부모의 사랑과 올바른 효도(父子부자), 임금과 신하(君臣군신), 남편과 아내(夫婦부부), 형제자매간의 우애(兄弟형제), 스승 섬기기(師生사생), 어른과 아이(長幼장유), 친구 사이의 도리(朋友붕우), 대인관계나 올바른 마음가짐(修身수신)에 대한 내용을 다루고 있습니다. 또한 인의예지(仁義禮智)의 본성과 인간이 지켜야 할 오륜(五倫), 삼강(三綱), 구용(九容), 구사(九思), 사물(四物) 등의 순으로 되어 있습니다.

『사자소학』은 삶의 지혜를 담고 있는 책으로 인간의 윤리도덕을 강조하여 아동들의 정서함양과 우리 전통문화의 뿌리를 이해시키는데 도움이 된다는 측면에서, 근대의 서당교육과정 등 『천자문』을 떼고 난 다음, 『명심보감』이나 『동몽선습』을 배우기 전의 과정에서 학습되었습니다.

사자소학은 비록 옛날에 나온 것이지만 단순한 한자 교과서가 아니라 그 속에 담긴 정신은 21세기를 맞고 있는 오늘날에도 많은 사람들이 배우고 있으며, 세월이 흘러도 영원히 변치 않는 시간과 공간을 초월한 인성교육의 바이블입니다.

사자소학을 익히다 보면, 한자 공부뿐만 아니라 도덕성 회복과 인간성 복원에 크게 기여하리라 생각되며, 우리가 진정으로 배워야 할 모든 것은 바로 이 사자소학에서 출발한다고 할 수 있습니다.

2022年 이른 봄에

尙 東 圭 識

第1 孝行篇 (효행편)
효도를 실천하라

1-1~2

아버지께서는 나의 몸을 낳게 하시고
어머니께서는 나의 몸을 길러주셨다.
배로 나를 품어 주시고
젖으로 나를 먹여 주셨다.

父生我身하시고 **母鞠我身**이로다.
부 생 아 신 하시고 모 국 아 신 이로다.
腹以懷我하시고 **乳以哺我**로다.
복 이 회 아 하시고 유 이 포 아 로다.

【관련】 소학집주(小學集註), 시경(詩經) 소아(小雅)

『맹자(孟子)』 만장상편(萬章上篇)에 '불초(不肖)' 라는 말이 있습니다. 예전에 객지에 나가 공부하던 자녀가 부모님에게 편지를 쓸 때 흔히 사용했던 문구로 "제가 부모님의 큰 뜻을 따라가지 못해서 죄송합니다.(不肖小生)"라는 의미로 부모님을 닮지 못했다는 후회와 부모에 대한 겸손의 의미로 쓰였던 말입니다.

중·고등학생 정도의 나이면 어느 때인가 독립을 꿈꾸기도 하고, 제 뜻대로 살고 싶을 때가 있어서 부모님의 말을 거역하고 때론 반항을 하기도 합니다. 그런데 어째서 부모님을 닮지 못함을 후회했을까요?

'나는 어디에서 왔고, 또 어떻게 살아야 하는가?' 라는 의문을 가져본 사람이라면 해결될 문제이기도 합니다. 부모는 나를 이 세상에 태어나게 해주었을 뿐만 아니라 내가 태어나면서부터 자립할 때까지 그 긴 시간 동안에 나의 정신적인 지주였고, 물질적인 것을 제공하는데 아낌없는 희생으로 나를 바른길로 인도하신 분들입니다.

비록 내 부모가 많이 배우지 못하고, 높은 지위나 권력이 없을지라도 자신의 자녀를 사랑하는 마음은 어느 누구에게도 비할 바가 못 됩니다. 지금의 나 또한 성장하여 가정을 이루고 자녀를 낳아 기르게 되면 나의 부모와 마찬가지로 그 길을 걸을 것이고, 그래서 부모의 노릇이란 천명(天命)이며, 운명(運命)인지도 모릅니다. 그러므로 효도(孝道)를 한다는 것은 사람의 자녀로 태어나 사람됨의 도리를 배우고 익혀 사람이 사람답게 살아가기 위한 최소한의 도리요, 예의인 것입니다.

거창하고 방대한 계획도 막대한 금전과 절체절명의 희생을 요구하는 것도 아닌 단지 살아계실 때 자신의 몸을 건강하게 유지하여 부모님을 기쁘게 해드리는 것, 그것이 효도의 시작이자 끝인 것입니다.

어떤 이는 '열심히 공부하여 훗날에 좋은 대학에 입학하고, 좋은 직장에 취직해서 돈을 벌어 효도하겠다.' 고 말하는데, 그것도 효도의 한 방법임에는 틀림이 없습니다. 하지만 효도에는 미래가 없습니다. 지금 여기, 내 옆에 계시는 부모님께 매일같이 정성을 다하지 않는다면 연로하여 중병에 걸리고, 돌아가신 뒤에 실천하지 못한 효도에 대한 계획과 통곡(痛哭)의 눈물에 무슨 의미가 있겠습니까?

『시경(詩經)』 소아(小雅)중 '육아(蓼莪: 길고 큰 다북쑥)' 에 "아버지는 나를 낳아주시고, 어머니는 나를 길러주시니, 슬프고도 슬프구나. 부모님이시여! 나를 낳아 기르시느라 수고로우셨도다. 그 깊은 그 은혜 갚으려 해도 하늘보다 높고 넓어 끝이 없어라." 라는 시가 나오는데, 나를 위하여 손발이 터지도록 피땀을 흘리시며 고생하셨는데, 그 덕택으로 전쟁터에서 병역의 의무를 마치고 집에 돌아왔지만 부모님은 이미 돌아가시고 없으니 부모님을 봉양하지 못한 자식의 죄책감과 쓰라린 한스러움을 표현하는 내용입니다.

부모님의 큰 뜻을 헤아려 닮지 못하고 늘 불초소생(不肖小生)으로 살아가고 있는 우리가 부모님의 7가지 은혜 즉, 어루만지고, 사랑하고, 가르치고, 길러주시고, 보살펴 주며, 감싸고, 품에 안아주신 그 은혜에서 어느 누가 자유롭다고 말할 수 있겠습니까?

1-3~4

옷으로 나를 따뜻하게 하시고
먹을 것으로 나를 배부르게 하셨다.
그 은혜는 높기가 하늘과 같고
(은혜로운) 덕의 두텁기가 땅과 같으니

以衣溫我하시고 **以食飽我**로다.
이 의 온 아 하시고 이 식 포 아 로다.
恩高如天하시고 **德厚似地**하시니
은 고 여 천 하시고 덕 후 사 지 하시니

【관련】 소학집주(小學集註), 논어(論語) 학이편(學而篇)

이 문장은 부모님께서 나의 몸을 낳아 길러주시면서 내게 베풀어 주시는 '입을 것과 먹을 것' 에 대한 이야기입니다. 추울 때는 따뜻한 옷을 마련하여 내 몸을 보호해 주셨고, 혹여 배가 고플까 근심하여 먹을 것으로 나의 주린 배를 채워 주셨으니 키워주신 깊은 은혜를 잊지 말아야 한다는 것입니다.

수행하는 사람들에게 요구되는 3가지 자유로움이 있다고 하는데, 자는 것과 먹는 것 그리고 옳고 그름의 시비를 가리는 것이 그것입니다.

『논어(論語)』 학이편(學而篇)에 공자께서는 "군자가 되려는 사람들은 먹을 때 배부름을 구하지 않고, 거처할 때 편안함을 구하지 않으며 또, 일을 할 때에는 민첩하게 하고, 말을 신중하게 하며, 이어 도리를 갖추고 있는 사람에게 찾아가 잘잘못과 옳고 그름을 바로잡는다면 학문을 좋아하는 사람이라고 이를 수 있다."라고 하여 과도한 배부름과 거처함에 대하여 경계해야 함을 말하고 있습니다.

예전과는 다르게 오늘날의 식탁은 과하다 싶을 정도로 먹거리가 넘치고 음식의 종류도 다양해졌지만 채식보다는 육식 위주의 식생활로 인해 각종 질병의 근원이 되기도 합니다. 또한, 시대의 흐름과 계절의 변화에 따라 출시되는 각양각색의 옷들이 거리의 상점마다 넘쳐흐르는 풍요의 시대를 살아가고 있습니다.

유행이 멋과 자본으로 이어지는 시대에 살고있는 청소년들이 남들에게 뒤처지지 않기 위하여 많은 비용을 들여 옷을 구입하고, 질병 유발의 위험성이 높은 인스턴트 식품에 열광하고 있습니다. 예전에는 근검과 절약을 미덕으로 삼아 옷을 대물림하여 입던 시절이 있었습니다, 부모님이 애써 장만해 주신 옷을 알뜰하게 입어 형이 아우에게, 언니가 동생에게 물려주니 동생은 고마운 마음으로 받아 입는 것을 부끄러움으로 여기지 않았고, 옷의 대물림 하나에도 공경과 우애의 마음이 담겨 있었던 것입니다. 또한, 어쩌다가 얻게 된 알사탕 하나에도 형제자매를 생각하던 마음 때문에 나누어 먹던 것은 양의 많고 적음이 아닌 형제자매 간의 끈끈한 정이 담겨 있었던 것입니다.

부모님께서 매일 같이 베풀어 주시는 입을 것과 먹을 것을 대할 때마다 여러분들은 얼마만큼의 고마움을 느끼며, 표현하는지 묻고 싶습니다. 여러분의 생각에는 비록 보잘 것 없는 음식이고 누추한 옷이었겠지만 부모는 제 자녀의 목으로 넘어가는 음식과 몸에 걸치는 옷이므로 마음만은 이 세상에게 제일 좋은 음식을 먹이고 옷을 입혔을 것입니다. 그러한 부모의 마음을 모르고 음식 타박을 하며 남기고 버리는 일은 매일같이 가정과 학교에서 비일비재하게 벌어지고 있으며, 비싼 옷을 걸치기 위해 부모에게 근심과 걱정을 끼치는 행동은 어느 세월에 깨달아 그칠 것입니까? 우리 모두의 진지한 성찰과 반성이 필요하리라 생각합니다.

1-5~6

사람의 자식이 된 자가
어찌 효도를 하지 않으리오.
그 은덕을 갚고자 할진댄
하늘처럼 다함이 없도다.

爲人子者가 **曷不爲孝**리오.
위인자자가 갈불위효리오.
欲報其德인댄 **昊天罔極**이로다.
욕보기덕인댄 호천망극이로다.

【관련】 소학집주(小學集註), 양무제부(梁武帝賦)

중국의 고서 『양무제부(梁武帝賦)』에 '반포지효(反哺之孝)' 라는 말이 나옵니다. 진나라에 학식이 깊고 덕망이 높기로 유명했던 신하 이밀(李密)[1]이라는 사람이 있었는데, 진나라의 무제가 아들인 태자의 스승으로 이밀을 임명하려하자 이를 완곡히 거절했습니다. 그 이유를 물어보니 그가 태어난 지 6개월 만에 아버지가 돌아가시고, 4살 때 어머니도 돌아가시어 할머니의 손에서 자랐는데, 그 할머니가 96세가 되어 할머니가 돌아가시기 전까지 봉양하고자 한다는 것이었는데, 이에 무제가 "충신은 두 임금을 섬기지 않는다. (불사이군 不事二君)"고 말하면서 크게 화를 내자 이밀은 "까마귀가 먹이를 물어다 늙은 어미에게 먹여 은혜를 갚듯 할머니가 돌아가시는 날까지 봉양하게 해주시기를 바라옵니다." 라고 간청했다고 합니다.

이 고사에서 나오듯 과거 까마귀는 효금(孝禽), 즉 효성스러운 날짐승이라 불렀습니다. 까마귀는 낳아서 3개월 정도 되면 사냥할 힘이 없어진 늙은 어미에게 먹이를 물어다 먹인다."는 뜻을 담고 있는 말입니다. 정말로 까마귀가 효성스러운 날짐승인지는 확인할 수 없지만 아마도 사람의 자녀로 태어나 미물인 까마귀만도 못한 사람으로 살아가면 되겠는가? 라는 질책으로 들립니다.

1-7~8

새벽에는 반드시 (부모님보다) 먼저 일어나

반드시 세수하고 반드시 양치질하라.

저녁에는 잠자리를 정하고 새벽에는 문안을 살피며

겨울에는 따뜻하게 하고 여름에는 시원하게 해드려라.

---

1 (224~287)은 본래 촉한 왕조 후주 유선(劉禪, 207~271)의 낭관(郎官)이었다. 무제의 태자세마(太子洗馬)에 봉해졌으나 진정표(陳情表)를 써서 직책을 사양했다.

晨必先起하야　必盥必漱하라.
신필선기하야　필관필수하라.
昏定晨省하고　冬溫夏淸하라.
혼정신성하고　동온하청하라.

【관련】 소학집주(小學集註), 예기(禮記) 내칙편(內則篇), 논어(論語) 위정편(爲政篇)

이 문장은 오륜(五倫)중 '부자유친(父子有親)의 중요성'을 다시 한번 강조하고 있습니다. 특히 위와 같은 인륜은 하늘이 만들어 준 것일 뿐만 아니라 인간에게 내재되어 있는 고유의 도리이기 때문에 절대적으로 타당하며, 그 중에서도 가장 중요한 것은 자녀 관계에서 자식이 실천해야 할 것이 효도임을 거듭 밝히고 있는 내용입니다.

당(唐) 나라 태종(太宗) 때의 문신인 공영달(孔穎達[2])은 『예기(禮記)』 내칙(內則)에 근거하여, "부모와 같은 집에 살면서 자녀가 어버이를 섬길 때에 첫닭이 울 때 모두 세수하고 양치질하고, 부모님이 계신 곳으로 가서 기운을 낮추고 목소리를 부드럽게 하여 옷이 더운지 추운지를 여쭈며, 무엇을 잡수시고 마시고 싶은지를 여쭈며, 겨울에는 따뜻하게 해드리고 여름에는 시원하게 해드리며, 저녁에는 잠자리를 돌봐드리고 새벽에는 안부를 여쭈어야 하고, 다른 집에 살면 먼동이 틀 무렵에 나아가 안부를 살핀다."고 하였는데, 여기에서 저물혼(昏)을 먼저 말하고 새벽신(晨)을 나중에 언급한 이유가 공영달의 해설에 따르면 '밤을 보내는 예를 겸하여 보여주기 위한 것이다.'고 하였습니다.

생활양식의 변화로 인하여 가정이 핵가족화 되어 가고, 삼대가 모여 사

2 (574~648) 중국 당(唐) 나라 태종(太宗) 때의 문신·학자. 문장·천문·수학에 능통하였으며, 태종의 명에 따라 『수서(隋書)』·『오경정의(五經正義)』 등을 편찬하였다.

는 집이 드문 것이 요즘의 현실입니다. 어쩌다가 방송에서 대가족이나 다둥이 이야기라도 나오면 먼 나라 이야기인양 신기하게 바라봅니다. 언제부터인가 젊은 남녀들은 결혼도, 주택도, 자녀도 포기하는 삼포세대가 되어가기 시작했습니다. 삶이 각박해지면서 생긴 자연스러운 현상이라고 치부하며 받아들이기엔 서글픈 현실이 되어버렸습니다.

그로인해 부모의 삶과 자녀의 삶에 괴리감이 생기고 부모는 부모, 자식은 자식이라는 등식까지 성립되어 자기 부모를 모시기는커녕 안부조차 확인하지 않아 고독사하는 노인들이 점차 늘어가는 실정입니다.

세상은 그야말로 정신문명과 물질문명이 급속하게 변해가고 있고, 잠시 넋이라도 놓는다면 도저히 따라잡을 수 없는 힘든 지경에 까지 이르렀다고 말합니다. 하지만 부모와 자식 간의 천륜(天倫)은 이미 한 유전자 안에 있으므로 거부하고 외면한다고 해서 해결될 문제는 아닌 듯 합니다.

한 집안에 살면서 아침에 일어나 기쁜 마음과 표정으로 밤새 부모님의 안녕을 묻는 것이 어찌 쑥스럽고 어색한 일이겠습니까? 굳이 옛날처럼 새벽같이 일찍 일어나 양치하고, 의복을 단정히 갈아입고 안부를 여쭙지는 못하더라도 내 부모이기에 자녀로서 당연히 해야할 일입니다.

『논어(論語)』 위정편(爲政篇)에서 맹무백(孟武伯)이 공자에게 효에 대해서 묻자 공자는 "부모는 오직 자식의 아픈 것을 걱정한다."라고 대답합니다. 직설적인 대답을 피하고 우회적으로 답변하여 자신을 되돌아보게 함으로써 깨달음을 주고 있는 것입니다.

부모는 늘 내 옆에서 나의 안위를 걱정하고 언덕이 되어 주는 존재가 아닙니다. 어느 순간 검었던 머리가 희어지고, 피부에는 탄력과 윤기가 사라지며, 힘이 넘치던 어깨와 허리는 구부정하게 변해버리고 사회적 지위마저 잃게 됩니다. 언제까지 우리는 부모의 그늘을 벗어나지 못하고 사랑만을 받아 챙기는 나약한 존재가 되어야겠습니까?

공자의 말처럼 부모가 오직 자식의 아픈 것만 걱정하는 마음을 조금이라도 헤아린다면 자녀 된 사람의 도리로써 부모의 몸과 마음에서 일어나는 작은 변화까지도 세심하게 살필 줄 아는 인성의 지혜가 필요한 시점입니다.

1-9~10

부모께서 나를 부르시거든
빨리 대답하고 달려 나아가라.
부모께서 나를 부리시거든
거스르지 말고 게을리하지 말라.

父母呼我어시든 唯而趨進하라.
부 모 호 아 어시든 유 이 추 진 하라.
父母使我어시든 勿逆勿怠하라.
부 모 사 아 어시든 물 역 물 태 하라.

【관련】 소학집주(小學集註), 예기(禮記) 곡례편(曲禮篇)

이 문장은 부모님의 '부름에 응답하는 예의범절'에 대하여 말하고 있습니다.

『예기(禮記)』 곡례편(曲禮篇)에 "아버지가 부르시면 느릿느릿 대답하지 말며, 선생이 부르시면 느릿느릿 대답하지 말고 빨리 '네'라고 대답하고 일어나야 한다."라고 하였습니다.

원나라 진호(陣澔)[3]의 해설에 따르면 아버지는 은혜로 맺어진 관계이고, 스승은 도(道)로 맺어진 관계이기 때문에 똑같이 공경하는 것이라고 하였습니다. 유(唯)는 빨리 대답하는 것(應之速)이고, 낙(諾)은 천천히 대답하는 것(應之緩)인데 여씨(呂氏)는 말하기를 낙(諾)은 "대답하고 행동하지 않는 것이다."라고 하였습니다.

부모님이 부르실 때 대답하고 나감에 시기의 적절성을 말하는 것입니다. 평소 집에서 부모님이 부르실 때 대답은 잘하는지? 혹시 건성으로 듣고 대답하거나 못 들은 척하지는 않았는지? 사람을 기다리게 하는 것만큼 지루한 것이 없으며, 특히 부모를 기다리게 하는 것은 큰 불효에 이르는 것입니다. 또한, 부모의 부름이 있으면 자신이 하던 일을 미루고 부모의 뜻에 따라 일을 성실히 수행하니 나란 존재는 부모에게 소중할 따름이고, 부모를 위한 그 수고로움 또한 얼마나 아름다운 일일까요?

1-11~12

부모께서 명함이 있으시거든
머리를 숙이고 공경히 들어라.
앉아서 명하시면 앉아서 듣고
서서 명하시면 서서 들어라.

父母有命이어시든 **俯首敬聽**하라.
부 모 유 명 이 어시든 부 수 경 청 하라.

---

3 자는 가대(可大) 호는 운장(雲莊) 또는 북산(北山)이다. 원나라 도창(都昌) 사람이며, 대유(大猷)의 아들이다. 송나라 말기에 향리에 은거하면서 제자들을 가르쳤다. 저서로는 『예기집설(禮記集說)』이 있다.

坐命坐聽하고　　立命立聽하라.
좌명좌청하고　　립명립청하라.

【관련】 소학집주(小學集註), 동춘당집(同春堂集) 별집(別集)

이 문장은 '경청과 눈높이 대화의 중요성'을 이야기하고 있습니다. 송준길(宋浚吉)[4]의 『동춘당집(同春堂集)』 별집(別集)에 "덕(德)은 경청하는 것보다 더 큰 것이 없다.(德莫大於聽言)"라는 말이 나옵니다. 상대방의 말을 잘 듣는다는 것은 큰 기술이나 노력을 요구하지 않으며, 집중하여 상대방의 말을 경청함으로써 상대를 이해하고, 나아가 위로해주니 이것보다 더 큰 덕이 없다는 뜻입니다.

오늘날은 예전과 다르게 맞벌이 가정이 많아서 자녀와의 대화 시간이 줄어들고 그로인해 세대 간 소통의 단절로 아이들의 자아 정체감과 인성에까지 심각한 영향을 미치고 있습니다.

많은 아이들이 혼자 즐기기를 좋아하고, 예의에 어긋나는 언행으로 원만한 대화가 이루지 않는 것이 단적인 예입니다. 학교 교육보다 우선적으로 해야 할 일은 가정에서 부모가 자녀와의 대화 시간을 갖는 것인데, 이것이 선행되지 않는다면 자녀들의 입은 더욱 침묵할 것이고, 결국엔 걷잡을 수 없는 내적 불만이 표출되거나 점차 안으로 곪아갈 것입니다. 대화는 일방적인 것이 아닌 상호소통입니다. '어른의 언어'가 아닌 '아이의 언어'로 아이의 수준에 맞는 '맞춤형 대화'가 바로 요즘에 필요한 '눈높이 대화'라고 할 수 있습니다.

4　1606년 12월 28일 ~ 1672년 12월 2일)은 조선시대 후기의 문신 · 유학자 · 성리학자 · 정치가로서 유교 주자학의 대가였다. 문묘에 종사된 해동 18현 중의 한 사람이다. 저서로는 『어록해 (語錄解)』, 『동춘당집(同春堂集)』이 있다.

‘이청득심(以聽得心)’이라는 말이 있습니다. 부모님의 말씀뿐만 아니라 다른 사람의 말을 경청하면 그 사람의 마음까지도 얻을 수 있다는 것입니다. 상대방을 공경하는 마음으로 그 사람의 말을 경청함으로써 자신의 잘못을 되돌아보며 고쳐서 다른 사람의 마음까지 얻는다면 아름다운 사람으로 성장하리라고 생각됩니다.

1-13~14

부모께서 출입하시거든
매양 반드시 일어나서라.
부모의 의복을
넘어 다니지 말고 밟지 말라.

父母出入이어시든 **每必起立**하라.
부 모 출 입 이어시든 매 필 기 립 하라.
父母衣服을 **勿踰勿踐**하라.
부 모 의 복 을 물 유 물 천 하라.

【관련】 소학집주(小學集註)

이 문장은 자식의 입장에서 ‘부모에 대한 관심과 물건을 대하는 예절’에 대하여 말하고 있습니다. 부모님께서 밖으로 나가고 들어오실 때 여러분들은 어떤 모습을 하고 있을까요? 특히 부모님께서 아침에 출근하고 저녁에 퇴근할 때에는 반드시 하던 일을 멈추고 현관으로 달려나가 부모님의 얼굴을 뵙고 무사히 다녀오십을 또는 무사히 다녀오셨음에 감사드려야 합니다.

얼굴을 뵙지 않고 건성으로 인사하거나 하던 일 때문에 인사를 하지 않는 것은 자녀 된 사람으로서 부모에게 무관심을 드러낸 것입니다. 만일 여러분이 무엇을 입었고, 무슨 말을 하고, 등하교는 잘했는지?, 친구와의 관계는 어떤지?, 무엇을 먹었는지?에 대해 집안 식구들 모두가 무관심으로 일관한다면 여러분의 마음은 어떻겠습니까? 그래서 사랑과 존경은 작은 관심으로부터 출발한다고 할 수 있습니다.

어렸을 때 벗어놓은 옷을 넘어 다니다가 부모님께 혼쭐이 난 기억이 있습니다. 예전에는 사람과 옷을 동일시하여 여겼던 것 같습니다. 부모님의 옷을 넘어 다니거나 밟지 말라는 것은 부모님을 공경하듯이 부모님의 옷뿐만이 아니라 부모님이 사용하시는 모든 물건을 내 몸과 같이 소중하게 생각하라는 공경의 의미입니다.

1-15~16

부모께서 병환이 있으시거든
근심하고 낫게 할 것을 꾀하라.
밥상을 대하여 잡수시지 않거든
좋은 음식을 얻을 것을 생각하라.

父母有疾이어시든 憂而謀療하라.
부 모 유 질 이어시든 우 이 모 추 하라.
對案不食이어시든 思得良饌하라.
대 안 불 식 이어시든 사 득 량 찬 하라.

【관련】 소학집주(小學集註), 예기(禮記) 곡례편(曲禮篇)

이 문장은 부모의 '병환 중에 행할 도리와 음식 봉양'에 대하여 말하고 있습니다.

『예기(禮記)』 곡례편(曲禮篇)에 "부모에게 병환이 있으면 관(冠)을 쓴 사람은 빗질하여 머리를 꾸미지 않으며, 걸을 때에는 팔을 벌려 내젓고 다니지 않으며, 말을 삼가고, 거문고와 비파를 타지 않으며, 고기를 먹어도 입맛이 변할 정도에 까지 이르지 않고, 술을 마셔도 용모가 흐트러질 정도에까지 이르지 않으며, 웃더라도 잇몸을 드러내는 데까지 이르지 않고, 화가 나더라도 욕을 하는 데까지 이르지 않다가 병환이 나으시면 다시 그전대로 돌아간다."고 하였습니다.

부모의 병환 중에 행할 도리가 많아 보이지만 그만큼 부모의 병환은 자식으로서 감내할 부분이 많은 것이며, 만사를 제쳐두고라도 정성스러운 마음과 몸가짐으로 병이 치유되기를 빌고, 방도를 찾아야 한다는 것입니다.

나이가 들면 몸의 기능이 저하되어 음식의 맛을 느끼지 못하게 되고, 무엇을 먹어도 입맛이 돌아오지 않는 경우가 많습니다. 나이 드신 분들은 건강한 삶을 영위하기 위하여 특히 이때 영양 관리가 더욱 필요한 시점인데, 부모의 건강 척도가 자식들의 삶의 질과 직결된다는 사실을 감안하면 자녀의 입장에서 음식 봉양은 결코 소홀히 대할 수 없는 일입니다.

1-17~18

나갈 때에는 반드시 아뢰고
돌아오면 반드시 뵈어라.
삼가 멀리 가지 말며
가더라도 반드시 일정한 곳이 있게 하라.

出必告之하고　反必面之하라.
출필고지하고　반필면지하라.
愼勿遠遊하고　遊必有方하라.
신물원유하고　유필유방하라.

【관련】 소학집주(小學集註), 예기(禮記) 곡례편(曲禮篇)

이 문장은 '밖으로 나가고 들어올 때의 예절과 부모님의 품을 떠나 멀리 가 있을 때 지켜야할 도리'에 대해 말하고 있습니다.

『예기(禮記)』 곡례편(曲禮篇)에 공자께서는 "무릇 남의 아들이 된 자는 밖에 나갈 때는 반드시 (가는 곳을) 아뢰며, 돌아와서는 반드시 부모님께 뵈어야 하고, 노는 곳은 같아야 하며, 익히는 것은 반드시 학업이 있어야 하며, 항상 말할 때 늙었다고 하지 말아야 한다."고 하였습니다.

이 말은 자녀가 되어 밖에 나갈 때와 돌아왔을 때 반드시 알려야(告) 한다고 말하고 있는데 왜, 밖으로 나갈 때는 알리기만 하고(告之), 귀가해서는 얼굴을 뵈어야(面之) 한다고 했을까요? 집에서 밖으로 나갈 때는 부모와 함께 있었으니 부모가 자식의 거동을 알아서 목소리만으로도 인사가 가능했을 것입니다. 하지만 밖에서 일을 마치고 돌아왔을 때에는 신변에 무슨 문제라도 없었는지? 걱정하시니 반드시 얼굴을 보여서 안심시키라는 뜻입니다.

예전에는 가까운 거리도 걸어서 이동해야 했으므로 일을 마치고 돌아오는 기간도 길었을 것이며, 통신과 교통상황이 좋지 못하여 자칫 가족에게 어떤 변고가 생겼을 경우 외지에 나가 있는 자녀에게 위급함을 알리기란 어려웠을 것이니 밖에서 놀 때는 일정한 장소에 머물며, 특히 먼 곳으로 이동할 경우에는 행선지를 반드시 알려야 하는 것입니다.

이렇게 자신의 위치나 행선지를 정하여 머물게 되면 어디에 가더라도 부끄럽지 않은 일을 하며, 신상에 변고가 없을 것입니다. 객지에 나가 있는 자녀를 생각하는 부모님의 마음은 늘 자식의 무사귀환을 염원했으니 오늘날에도 명심할만한 교훈이라 하겠습니다.

1-19~20

문호를 출입하거든
열고 닫기를 반드시 공손하게 하라.
문 가운데 서지 말고
방 가운데 앉지 말라.

出入門戶어든 **開閉必恭**하라.
출 입 문 호 어든 개 폐 필 공 하라.
勿立門中하고 **勿坐房中**하라.
물 입 문 중 하고 물 좌 방 중 하라.

【관련】 소학집주(小學集註), 예기(禮記) 곡례편(曲禮篇)

이 문장은 우리가 평소에 소홀하기 쉬운 '나가고 들어옴과 자리 앉음의 예의'에 대하여 말하고 있습니다.

『예기(禮記)』 곡례편(曲禮篇)에 "집을 방문하여 들어갈 때에는 (남의 사생활을 보려 한다는 혐의를 받을 수 있으므로) 시선을 반드시 낮추며, 방문으로 들어갈 때에는 (두 손으로) 빗장을 받들며, 이곳저곳을 두리번거리지 말아야 한다. (주인의 뜻을 어기지 않기 위하여) 방문이 열려 있으면 들어간 뒤에도 열어 두며, 방문이 닫혀 있었으면 들어 간 뒤에도 닫아 두되,

뒤에 들어오는 사람이 있으면 (뒤따라 들어오는 사람을 막는다는 혐의가 있으므로) 닫더라도 완잔히 닫지 않는다."고 하였다. 또한 "(부모와 같은 집에서 살 경우) 자녀가 된 자는 거쳐할 때 방에서 가장 존귀한 자리인 서남쪽 모퉁이(아랫목)를 차지하지 않으며, 앉을 때에는 돗자리 가운데에 앉지 않으며[5], 길을 갈 때에는 길 가운데로 가지 않으며, 문에 서게 되면 문설주와 문지방 가운데를 피하여 모두 부모가 다니는 곳을 감히 따르지 않는다."고 하였는데, 예전에는 집안에 큰일이 있는 경우가 아니면 항상 왼쪽 문을 닫아 두었으므로 부모는 오른쪽 문짝 문설주와 문지방의 가운데로 다녔기에 그리 말한 듯 합니다.

현대사회에서는 다소 맞지 않는 것이라 해도 나가고 들어 옴과 자리 앉음에 대해 조금 더 신중하게 할 것을 권하는 말이니 예절의 실천은 서로를 아름답고 행복하게 만드는 근본이 되는 것입니다.

1-21~22

다닐 때에는 걸음을 거만하게 하지 말고
앉을 때에는 몸을 기대지 말라.
입으로는 잡담을 하지 말고
손으로는 장난을 하지 말라.

行勿慢步하고　坐勿倚身하라.
행 물 만 보 하고　좌 물 의 신 하라.

---

5 옛날에 돗자리에는 4명이 앉을 수 있었는데, 4명 이하의 사람이 앉을 때에는 끝이 상석이고 홀로 앉을 때에는 한가운데가 상석이기 때문에 지위가 낮은 사람(卑者)은 끝자리에 앉는 것도 안되지만 혼자 앉을 때에도 높은 사람(尊者)이 앉는 가운데에는 앉지 못한다는 말이다. 5인 이상이면 장자 한 사람이 돗자리를 달리하여 앉는다.

口勿雜談하고 **手勿雜戲**하라.

구물잡담하고 수물잡희하라.

【관련】 소학집주(小學集註), 예기(禮記) 곡례편(曲禮篇)

이 문장은 '걷고 앉을 때의 예절과 몸가짐'에 대하여 말하고 있습니다. 『예기(禮記)』에 "군자의 모습은 여유가 있고 침착해야 한다."에 나오는 말로 율곡(栗谷)선생은 『격몽요결(擊蒙要訣)』지신장(持身章)에서 "몸과 마음가짐에 있어 구용(九容)보다 간절한 것이 없다."고 하여 구사(九思)와 함께 그 중요성을 강조하고 있습니다.

이른바 걸음걸이를 무겁게 (足容重, 가볍게 행동하지 않는 것인데, 어른 앞에서 종종걸음으로 지날 때에는 여기에 구애받지 않는다.)하고, 머리는 곧게 세우고(頭容直, 머리를 바르게 하고 몸을 곧게 세우며, 한쪽으로 기울려 돌리거나 비스듬하게 해서는 안 된다.) 또한 목소리는 조용히 (口容止, 소리의 기운을 가다듬어 딸꾹질이나 기침 등의 다른 소리를 내어서는 안 된다.)하고, 손의 모양을 공손히 (手容恭, 손을 함부로 늘어뜨리지 않아야 하는데, 일하지 않을 때에는 단정히 손을 모으고 함부로 움직이지 않아야 한다.) 라고 말하고 있습니다.

우리가 숨쉬고 살아가며 행하는 모든 것에는 거기에 합당한 이치와 도리가 있으니 무례(無禮)와 교만(驕慢)을 경계한 것입니다.

1-23~24

무릎 앞에 앉지 말고
어버이 얼굴을 우러러 보지 말라.
모름지기 큰소리로 웃지 말고
또한 큰소리로 말하지 말라.

膝前勿坐하고 **親面勿仰**하라.
슬 전 물 좌 하고 친 면 물 앙 하라.
須勿放笑하고 **亦勿高聲**하라.
수 물 방 소 하고 역 물 고 성 하라.

【관련】 소학집주(小學集註), 예기(禮記) 곡례편(曲禮篇), 논어(論語) 계씨편(季氏篇), 의례(儀禮) 사상견례(士相見禮)

이 문장은 부모와 함께할 때 '앉는 것과 안색를 살필 때 바라봄의 예절'에 대해 말하고 있습니다. 부모의 무릎 앞에 바짝 다가가 앉음은 자칫 버릇없게 보일 수 있으며, 부모의 안색을 살피려고 올려볼 때에는 째려보는 듯한 모습으로 비춰질 수 있음을 경계한 말입니다.

『의례(儀禮)』의 편명인 사상견례(士相見禮)[6]에는 선비들이 공식적으로 만나 서로 인사하는 예의와 절차가 자세히 나와 있으며, 『소학집주(小學集註)』 명륜편(明倫篇)에는 "부모의 경우에는 눈을 놀리되 얼굴 위로 올라가지 말며, 띠(허리)에 눈을 내리지 말라."고 하였습니다. 이는 "자식은 부모

---

6 사(士)와 사(士)가 상견하는 예, 사(士)가 대부(大夫)를 보는 일, 대부 · 사 · 서인(庶人)이 군주를 보는 일, 군주가 사적(私的)으로 회견하는 일, 사임한 경대부(卿大夫)가 사를 보는 일, 군주의 명령에 의해 사신으로 갔을 때 칭위(稱謂)와 집폐(執幣)의 예 등에 관하여 설명하고 있다.

에 대해 효(孝)를 주로하고 공경(恭敬)만 하는 것이 아니라 보는 것 또한 넓어야 한다."는 것으로 부모의 안부가 어떤지 살피는 것으로 『예기(禮記)』의 곡례편(曲禮篇)에 따르면 "시선이 얼굴 위로 올라가면 오만해지고, 띠(허리) 아래로 내려가면 근심스럽게 된다." 는 것입니다. 그래서 "(부모님께서) 만일 말씀하지 않으시거든 서계실 때는 발을 보아 그 느낌을 살피고, 앉아 계실 때는 무릎을 보아 그 일어남을 살핀다."고 한 것입니다.

이제는 먼 옛날의 이야기이고 현대와는 맞지 않는 이야기이지만 『논어(論語)』 계씨편(季氏篇)에 군자가 생각해야 할 선지식(善知識) 중에 "무책임한 말을 하지 않도록 한마디를 하더라도 깊이 생각을 해서 하라"는 구사(九思)와 『예기(禮記)』에는 구용(九容)이 나옵니다. 경거망동하여 큰 소리로 웃는다거나 큰 소리로 말하는 것이 자신을 드러나게 하는 것이 아니며, 다른 사람들에게 자칫 무례하고 가볍게 보일 수 있음을 경계한 말입니다.

1-25~26

부모를 모시고 앉았거든
성내어 사람을 꾸짖지 말라.
부모 앞에 모시고 앉았거든
걸터앉지 말고 눕지 말라.

侍坐父母어든　**勿怒責人**하라.
시좌부모어든　물노책인하라.
侍坐親前이어든 **勿踞勿臥**하라.
시좌친전이어든 물거물와하라.

1-27~28

부모께 물건을 드리거든
꿇어앉아서 올려라.
나에게 음식을 주시거든
꿇어앉아서 받아라.

獻物父母어든 跪而進之하라.
헌 물 부 모 어든 궤 이 진 지 하라.
與我飮食이어시든 跪而受之하라.
여 아 음 식 이어시든 궤 이 수 지 하라.

【관련】 소학집주(小學集註), 논어(論語) 이인편(里仁篇)

이 문장은 부모 앞에서 '형제자매들에게 화를 내거나 자기 자식이나 타인을 꾸짖지 말고, 부모님께 물건을 드리고, 받을 때에 무릎을 꿇고 두 손으로 공손하게 받거나 드려야 하는 예의'에 대해 말하고 있습니다.

자식의 입장에서 말과 행동을 조심하여 부모를 공경하되 신중함을 잃지 않을 것을 강조하고 있는데, 『논어(論語)』 이인편(里仁篇)에 공자께서는 "자기를 단속하고도 잘못을 범하는 사람은 드물다."라고 말하였습니다.

부모의 마음에 가장 큰 상처를 남기는 것은 부모 앞에서 형제자매가 우애롭지 못하고 상대의 단점을 들추어 싸움을 하거나 자녀를 심하게 질책하는 것입니다. 살다보면 형제자매 사이에도 감정이 상하여 격해질 수 있고, 자녀의 잘못을 바로잡기 위해 나무랄 수도 있습니다. 하지만 싸움이라는 것이 자신의 잘못을 성찰하지 못하고 감정에 기대어 나오는 것이며, 질책이란 것도 때와 정도가 있는 것이니, 부모 앞에서 심한 욕설로 주먹다짐을 한다거나 자녀의 잘못을 들추어 꾸중하는 것은 바람직하지 않습니다.

굳이 형제자매 간에 불화로 인한 시비를 가리고 자녀를 꾸짖으려거든 부모님이 보이지 않는 곳에서 들리지 않도록 가리거나 타이르는 것이 현명한 방법입니다.

『소학(小學)』 경신편(敬身篇) 첫머리에 "경신은 공경하여 몸가짐을 삼가 조심한다"라는 말이 나옵니다. 공자는 논어에서는 "예의에 어긋나면 말하지 말고(非禮勿言), 예의에 어긋나면 움직이지 말라(非禮勿動)"라고 했습니다. 부모님 앞에서 좋지 않은 자세로 있다거나 부모님과 함께 있는 거실에서 하는 일 없이 빈둥거리며 게으름을 부리는 모습은 보기에도 좋지 않음을 말하는 것입니다.

지금은 입식생활로 인하여 무릎을 꿇고 예를 갖추는 경우는 볼 수는 없지만 공경은 말보다는 행동으로 드러나는 것이며, 부모님께 물건을 드리고 받을 때에는 최대한의 예의를 갖추어 드리고 받아야 함을 강조하고 있는 것입니다.

1-29~30

그릇에 음식이 있더라도
주시지 않으면 먹지 말라.
만일 맛있는 음식을 얻으면
돌아가 부모께 드려라.

器有飮食이라도 不與勿食하라.
기 유 음 식 이라도 부 여 물 식 하라.
若得美味어든 歸獻父母하라.
약 득 미 미 어든 귀 헌 부 모 하라.

【관련】 소학집주(小學集註), 예기(禮記) 곡례편(曲禮篇)

이 문장은 '식사예절'과 관련하여 말하고 있습니다. 요즘은 핵가족화 되어 식사예절에 대해 제한을 크게 두지 않고, 편한 시간과 필요한 때에 음식을 먹는것이 일상화 되었습니다. 예전에는 식사시간을 엄격하게 정하고, 가족 구성원들이 모두 모였을 때 식사가 시작되었습니다.

어쩌다가 부모님이 늦으시면 자녀들은 부모님이 오실 때까지 숟가락을 들지 못하고 기다렸던 시절도 있었는데, 그릇에 음식이 있더라도 부모님께서 먼저 잡수셔야 자녀들이 비로소 그 음식을 먹게 되니 장유유서(長幼有序)를 통해 부모의 존재를 인정하고 효를 실천했던 것입니다. 또한 어쩌다가 얻게 된 맛있는 음식이 있으면 제 입으로 먼저 들어가는 것이 아니라 부모님을 생각하여 집으로 가져와서 부모님께 드리고 허락하시면 자신이 음식을 먹었던 것입니다.

『예기(禮記)』 곡례편(曲禮篇)에는 식사예절에 대해 말하고 있는데 "함께 음식을 먹을 때는 (겸양해야 하므로) 배부르도록 먹지 말 것이며, 남과 함께 밥을 먹을 때는(예전에는 밥을 손으로 먹었다) 밥에 손때를 묻히지 않도록 한다. (많이 먹을 수 있으므로) 밥을 뭉치지 말고, (절제하지 못하고) 밥 숟가락을 크게 뜨지 말며, (빨리 많이 먹는 다는 오해가 있을 수 있으므로 국이나 음료 등은) 물을 마시듯 들이마시지 말아야 한다.

음식을 앞에 두고 (주인의 음식을 싫어하는 것 같은 오해가 생기므로) 먹으면서 혀 차는 소리를 내지 말아야 하고, (소리가 나니) 뼈를 깨물어 씹지 말며, 먹던 생선이나 고기를 다시 그릇에 놓지 말며, (주인의 음식을 천하게 다룬다는 오해가 생기므로) 뼈다귀를 개에게 던져 주지 말며, (특정 음식을) 독차지하여 굳이 먹으려 들지 말아야 하며, (빨리 먹으려 한다는 오해가 있으므로) 뜨거운 밥을 식히기 위해 해짓지 말며, 기장밥을 먹을 때

(숟가락을 사용하고) 젓가락을 사용하지 말아야 한다.

채소가 들어있는 국은 (젓가락을 사용하고) 입으로 후루룩 들이마시지 말아야 하고, (소금이나 매실로) 국에 따로 간을 맞추어서는 안 되며, (먹을 때의 입은 꼭 다물어야 하니) 이를 쑤시지 말며, (싱거워한다는 오해가 생기니) 젓국을 마시지 말아야 한다. 손님이 국에 간을 맞추면 주인은 잘 끓이지 못하였다고 사과하며, 손님이 젓국을 마시면 주인은 가난하여 맛있게 잘 만들지 못하였다고 사과해야 한다. 젖은 고기는 (부드러우므로) 이로 끊어 먹고, 마른고기는 (질기고 단단하므로) 이로 끊어 먹지 않으며, 구운 고기는 (음식을 탐한다는 오해가 생기므로) 한 번에 먹지 않아야 한다." 고 하였습니다.

또한, "식사가 끝나면 손님은 돗자리 앞에 무릎을 꿇고서 (자신이 먹다 남은) 밥과 장(양념)을 거두어 상을 치우는 사람에게 주는데, 주인이 일어나서 손님에게 사양하여 만류하면 그런 뒤에야 손님이 다시 앉는다."고 하였으니, 세상의 모든 일이 하나도 헛되이 생겨나고 무의미하게 쓰이는 것은 아무 것도 없습니다. 예절은 이치에 맞게 생겨나고 쓰여지니, 식사하는 것 한 가지에도 상대방을 배려하고 공경하며, 효행의 의미가 깃들어 있는 것입니다.

1-31~32

의복이 비록 나쁘더라도
주시면 반드시 입어라.
음식이 비록 싫더라도
주시면 반드시 먹어라.

衣服雖惡이나　與之必着하라.
의복수오이나　여지필착하라.
飮食雖厭이나　與之必食하라.
음식수염이나　여지필식하라.

1-33~34

부모가 옷이 없으시거든
나의 옷을 생각하지 말며
부모가 밥이 없으시거든
나의 밥을 생각하지 말라.

父母無衣어시든　勿思我衣하며
부모무의어시든　물사아의하며
父母無食이어시든 勿思我食하라.
부모무식이어시든 물사아식하라.

【관련】 소학집주(小學集註), 예기(禮記) 내칙편(內則篇), 논어(論語) 이인편(里仁篇), 옹야편(雍也篇)

이 문장은 부모님에게 '물질적으로 효도하는 방법'에 대하여 말하고 있습니다.

『예기(禮記)』 내칙편(內則篇)에 "부모님이 옷과 음식을 주시면 비록 마음에 드는 좋은 옷과 입에 맞는 맛있는 음식이 아니더라도 우선 감사한 마음으로 음식의 맛을 보고, 옷을 입어 본 뒤에 부모의 명을 기다린다."는 말이 나오며, 『논어(論語)』 이인편(里仁篇)에 공자께서는 "선비가 도에 뜻을 두었으면서 허름한 옷과 거친 음식을 부끄러워한다면 이런 사람과는 도를 이야기할 수 없다."고 하였습니다. 조금 더 확대하여 말하자면 허름한 옷과 음식은 외형적인 상황을 말합니다.

본인이 처한 상황은 좋을 수도 있고 나쁠 수도 있습니다. 마음먹기에 따라서는 아무렇지도 않을 수 있으나 사람들은 속좁고, 편협된 생각으로 주변 사람들의 시선을 의식하여 호화찬란함과 달고 맛있음에 즐거워하고 감탄하기를 그치지 않습니다.

공자의 문하에는 무려 3천 명의 제자가 있었는데, 자공(子貢)처럼 이재(理財)에 밝은 사람이 있었고, 자로(子路)처럼 벼슬길에 나아가 성공한 사람도 있었는데, 공자가 가장 아끼고 사랑했던 제자 안회(顔回)는 가난하였지만 학문을 좋아하여 나이 29세에 벌써 백발이 되었으며, 찢어지게 가난하여 자주 끼니를 거르니 평생 술지게미와 쌀겨조차 배불리 먹지 못하다가 끝내 젊은 나이에 굶어 죽었으나 가난을 부끄럽게 여기지 않고 학문에만 열중했습니다.

『논어(論語)』 옹야편(雍也篇)에는 이런 안회를 보고 공자가 "어질도다, 안회여. 한 소쿠리의 밥과 한 표주박의 물로 누추한 곳에 거처하며 산다면, 다른 사람은 그 근심을 견디어내지 못하거늘 안회는 즐거움을 잃지 않는구나. 어질도다. 안회여!"하고 칭찬합니다.

목표가 있고 배움이 있는 사람에게 누추한 옷과 배고픔은 부끄러움일 수 없다는 말입니다. 옷과 음식은 눈으로 보여지는 형식이며, 실체는 아니므로 인간으로 살아가면서 정말로 고민해야할 부분이 정신이라고 할 수 있습니다. 물론 사람이기에 남들보다 좋은 옷을 입고 맛있는 음식을 찾는 것은 인지상정이지만 그것이 인생의 절대적인 가치요, 진리는 아니라는 것입니다.

내가 먹고 있는 음식이나 입고 있는 옷은 부모님의 노고와 피땀으로 만들어진 것이므로 귀하고 천한 것이 없습니다. 그러므로 소홀히 대한다거나 불평을 하여서도 안 되고, 늘 감사하며 은혜로운 마음을 잊지 않아야 합니다. 또한, 부모가 좋지 않은 옷을 입는데 나의 몸을 어찌 비단옷으로 치장하고 기뻐하며, 부모가 좋지 않은 음식을 마주하는데 나는 어찌 기름진 음식으로 즐거워할 수 있겠습니까? 내 부모가 헐벗고 굶주리며 아껴둔 것으로 내 몸에 좋은 옷을 걸쳐주고 내 입에 좋은 음식을 넣어 주셨으니, 나 또한 그 마음을 잊지 않는 것이 자식의 도리요 양심인 것입니다.

1-35~36

신체와 머리털과 피부를
훼손하지 말고 상하지 말라.
의복과 허리띠와 신발을
잃지 말고 찢지 말라.

身體髮膚를　　**勿毁勿傷**하라.
신 체 발 부 를　　물 훼 물 상 하라.
衣服帶靴를　　**勿失勿裂**하라.
의 복 대 화 를　　물 실 물 열 하라.

【관련】 소학집주(小學集註), 효경(孝經) 제1장, 논어 태백편(泰伯篇)

이 문장은 부모님께서 물려주신 '신체를 건강하고 소중하게 보존하는 것과 그 몸을 보호하는 물건의 아낌'에 대해 말하고 있습니다.

『효경(孝經)』에 공자께서 증자(曾子)에게 말씀하시기를 "신체(身體)와 모발(髮)과 피부 등은 부모님께 물려받은 것이니, 감히 훼손하거나 상하게 하지 않는 것이 효도의 시작이며, 입신(立身)하여 도를 실천하고 후세에 이름을 떨쳐서 그것으로써 부모의 존재를 드러내는 일이 효도의 마지막이다."라고 하였으니, 자기의 몸을 건강하게 잘 유지하는 것이 효도의 근본임을 말하고 있고, 『논어(論語)』 태백(泰伯)에서는 증자(曾子)가 병이 들자 제자들을 불러서 "나의 손과 발을 펴보라."고 하였습니다. 이는 평생 몸을 다치지 않고 일생을 마무리하는 자신의 모습을 살피며, 효의 일정 부분을 마무리하는 자신의 모습을 살펴보도록 한 것입니다.

요즘 청소년들 사이에서는 문신(文身)이 유행처럼 번지고 있습니다. 예전에 폭력배들이 상대에게 위협을 가하기 위한 수단으로 사용했던 것이 이제는 아름다움과 또 다른 의미를 만들어내는 수단으로 아무런 거리낌없이 자리잡고 있다니 세상의 상술과 유행이 얼마나 경계해야 하는 것인지를 알 수 있습니다.

고종 32년(1895) 당시 친일파였던 김홍집 내각이 내정 개혁에 주력하기 위하여 백성들에게 머리를 깎게 하는 이른바 '단발령'을 내렸으나, 이에 유생들을 비롯한 전 국민의 반발이 심하였습니다. 그중 면암 최익현(崔益鉉)[7] 선생의 반대 상소는 극렬하였는데, 그 일절에 "내 목은 잘라도 머리털은 못 자른다."란 구절이 나옵니다. 이는 신체의 일부를 훼손한다는 것이 불효가 된다는 유교사상에서 비롯된 것임을 말하고 있지만, 비단 유교의 윤리적 차원뿐만 아니라 당시 일제의 식민통치에 항거하는 애국심으로 이해되어야 합니다.

---

7 (1833~1907) 대한제국 때 을사조약의 무효를 선포하고 국권회복에 힘쓴 문신. 아명은 기남, 자는 찬경, 호는 면암으로 1855년 급제하여 관직에 오른 이후 대원군의 정책을 비판하는 등 직언을 아끼지 않았으며 저서로는 『면암집(勉菴集)』이 있다.

내 몸을 내가 마음대로 하는데 무슨 상관이냐고 반문할 사람도 있을 것입니다. 하지만 넓게 생각한다면 내 몸도, 내가 걸치고 사용하는 옷과 모든 것들이 내 것인 것은 없습니다. 나란 존재도 이 세상에 잠시 인간의 몸을 빌어 왔다가 흙으로 돌아가는 존재임을 생각한다면 내가 지닌 모든 재물 또한 미래의 후손들 것이니 어찌 제 몸을 함부로 대하고 교만한 마음에 사로잡혀 재물을 사용할 수 있겠습니까?

또한, 부모님의 정성과 노력으로 마련된 의복과 신발을 소홀히 대하여 잃어버리거나 찢어버리는 것은 부모님의 노고에 대해 감사하는 마음이 부족한 탓입니다. 나에게 은혜를 베풀어 주심에 늘 감사하는 마음 가짐이 효에 이르는 길임을 명심해야 할 것입니다.

1-37~38

부모께서 사랑해 주시거든
기뻐하고 잊지 말라.
부모께서 꾸짖으시거든
반성하고 원망하지 말라.

父母愛之어시든 喜而勿忘하라.
부 모 애 지 어시든 희 이 물 망 하라.
父母責之어시든 反省勿怨하라.
부 모 책 지 어시든 반 성 물 원 하라.

【관련】 소학집주(小學集註), 논어(論語) 위정편(爲政篇)

이 문장은 부모의 사랑과 훈계의 받아들임에 대해 말하고 있습니다.

『소학(小學)』 명륜편(明倫篇)에 증자(曾子)는 "부모가 사랑해주시거든 기뻐하고 잊지 말며, 부모가 미워하시거든 두려워하고 원망하지 말며, 부모가 과실이 있으시거든 간하되 거스르지 말아야 한다."고 하였습니다.

『논어(論語)』 위정편(爲政篇)에서 맹의자(孟懿子)[8]가 효에 관하여 묻자 공자께서는 "어기지 않아야 한다."고 하였습니다. 번지가 수레를 몰았는데, 공자께서 그에게 말했습니다. "맹손이 나한테 효에 관해서 묻기에 내가 어기지 말라고 말해주었다." 이에 번지가 무슨 뜻이냐고 되묻자, 공자께서는 "부모가 살아있을 때는 예로써 받들고, 돌아가셨을 때는 예로써 상례를 치르며, 제사도 예로서 모셔야 한다는 뜻이다."라고 하였습니다. 이는 도리와 예법에 어긋나게 행동하는 맹의자에게 우회적으로 무엇이든 예에서 벗어나지 말라고 질책하는 것입니다.

이 세상에서 나를 가장 아끼고 사랑하시는 분은 부모님입니다. 그것도 두 분이나 계시니 나는 얼마나 축복을 받은 사람일까요. 자식을 향한 그 조건 없는 사랑에 내 머리카락을 뽑아서 한올 한올 짚신을 삼아 드려도 오히려 부족할 것입니다. 공자가 맹의자에게 말한 것처럼 우리가 예의에서 벗어나는 행동을 하기 때문에 꾸지람을 통한 일깨움이 필요합니다. 그런데 그러한 부모의 꾸지람도 사랑과 관심이 없다면 무관심이 되고 포기가 되는 것이니, 자신의 그릇된 언행에 원망과 변명만을 일삼으며, 진정한 반성이 뒤따르지 않는다면 부모의 자식에 대한 사랑과 관심에 무슨 의미와 소용이 있겠습니까?

『소학(小學)』에는 당나라 때의 정치가이자 문장가이며, 당송 8대가의 한

---

8 남궁 괄(南宮适, ? ~ ?)은 노나라 사람으로, 여러 가지 이름이 있다. 성은 남궁(南宮), 휘는 괄(适)이다. 또 다른 이름은 남궁경숙(南宮敬叔)인데, 오늘날에 통용되는 실제 이름이다. 남궁괄(南宮适)은 성은 남궁씨인데, 맹손씨 가문 사람, 즉 노나라 맹손씨 가문 맹희자(孟僖子) 아들로, 맹의자(孟懿子)의 형이다.

사람인 한유(韓愈)[9]의 이야기가 나옵니다. 한유가 어릴 때, 배운 대로 행하지 않으면 어머니에게 회초리로 종아리를 맞았는데 아파도 울지 않고 참았다고 합니다. 그런데 어느 날 어머니의 매질에 힘이 없어서 아프지 않으므로 모친의 기력이 쇠약해진 것으로 생각하고 걱정이 되어 눈물을 흘렸다고 합니다.

이는 꾸중에 대한 원망과 미움보다 부모님의 건강을 먼저 생각했던 지극한 효성에 관한 이야기로 이런 사람의 마음에 자신의 잘못에 대한 성찰과 그로인한 인격의 수양이 어찌 없었겠습니까?

젊은이에게 쓴소리도 마다 않고 올바른 길을 제시해주는 진정한 어른이 사라진 요즘 세상에서 부모와 어른의 훈계를 꼰대의 잔소리쯤으로 여기는 젊은 세대가 한번 쯤은 반성해야 할 대목이 아닌가 합니다.

1-39~40

높은 나무에 올라가지 말라
부모께서 근심하시느니라.
깊은 못에서 헤엄치지 말라
부모께서 염려하시느니라.

勿登高樹하라 **父母憂之**시니라.
물등고수하라 부모우지시니라.
勿泳深淵하라 **父母念之**시니라.
물영심연하라 부모염지시니라.

---

9 (768~824년) 중국 당(唐)을 대표하는 문장가 · 정치가 · 사상가이다. 당송 8대가(唐宋八大家)의 한 사람으로 자(字)는 퇴지(退之), 호는 창려(昌黎)이며 시호는 문공(文公)이다.

【관련】 논어(論語) 태백편(泰伯篇), 시경(詩經), 예기(禮記) 제의편(祭義篇)

이 문장은 부모님이 물려주신 '신체를 잘 보존할 것과 근심에 이르지 않게 함의 중요성'에 대하여 말하고 있습니다.

『논어(論語)』 태백편(泰伯篇)에 증자(曾子)[10]가 병환이 있어서 문하의 제자들을 불러 "(이불을 열어) 나의 손과 발을 보아라. 『시경(詩經)』에 "전전하고 긍긍하여 깊은 연못에 이르듯이 하고, 얇은 얼음을 밟듯이 하라."고 하였으니, 이제야 나는(이 몸을 훼손할까 하는 근심에서) 벗어나는 것을 알겠노라. 제자들아!"하고 말하였습니다.

이는 증자가 죽음에 이르러 자신의 손과 발을 보이면서, 제자들에게 부모로부터 물려받은 육신을 온전히 간수하기 위해 자기처럼 항상 삼가고 조심할 것을 가르친 말입니다.

또한, 『대대례(大戴禮)』 증자대효편(曾子大孝篇)과 『예기(禮記)』 제의편(祭義篇)에 증자의 제자인 악정자춘(樂正子春)이 당(堂)에서 내려오다가 발을 다치고 수개월 동안 나가지 않고서 아직도 근심하는 모습이 있었는데, 문하의 제자가 "선생님 발이 나으셨는데도 수개 월동안 나가지 않고서, 어째서 아직도 근심하는 모습입니까?" 하고 물었습니다.

악정자춘(樂正子春)이 "너는 좋은 질문을 하였구나!, 너는 좋은 질문을 하였구나!, 나는 증자에게서 들었고, 증자는 부자(공자)에게 들으셨으니, '하늘이 낳는 것과 땅이 기르는 것에 오직 사람이 위대하다. 부모가 온전히 낳아주셨으니, 자식이 온전하게 돌아가야 효(孝)라고 말할 수 있다. 사지(四肢)를 훼손하지 않고, 그 몸을 욕되지 않게 하면 온전하다고 말할 수 있다.'고 하셨다. 그러므로 군자는 반 걸음과 한 걸음에도 감히 효도를 잊지

---

10 이름은 삼(參). 자 자여(子輿). 산동성[山東省]에서 출생하였다. 증점(曾點)의 아들이다. 공자(孔子)의 고제(高弟)로 효심이 두텁고 내성궁행(內省躬行)에 힘썼다.

않는다. 그런데 지금 나는 효도의 도리를 잊었다. 내가 이 때문에 근심하는 기색이 있는 것이다. 한 번 발을 드는 데에도 감히 부모를 잊지 않는다. 그러므로 지름길로 가지 않고 큰 길로 다니며, 헤엄치지 아니하고 배를 타고 다니며, 감히 돌아가신 부모가 남겨주신 몸으로써 위험한 짓을 행하지 않으며, 한번 말을 하는데에도 감히 부모를 잊지 않는다. 그러므로 나쁜 말이 입에서 나오지 않으며, 남이 성낸 말이 자신에게 돌아오지 않는 것이다. 그 몸을 욕되게 하지 않으며, 그 부모에게 부끄러움을 끼치지 않으면, 효(孝)라고 이를 만하다."고 하였습니다.

이처럼 선인들은 부모님께서 물려주신 신체를 보존함에 열과 성을 다하였으니 부모에 대한 효가 지극하였다고 할 것이나, 제 몸을 위태로움에 빠뜨려 부모님에게 걱정과 근심을 안겨주는 행위는 불효 중에 최고의 불효에 해당한다고 말할 수 있습니다.

1-41~42

남과 더불어 싸우지 말라
부모께서 불안해하시느니라.
방과 당에 먼지가 있거든
항상 반드시 물 뿌리고 청소하라.

勿與人鬪하라 **父母不安**이시니라.
물 여 인 투 하라 부 모 부 안 이시니라.
室堂有塵이어든 **常必灑掃**하라.
실 당 유 진 이어든 상 필 쇄 소 하라.

【관련】 예기(禮記) 논어(論語) 계씨편(季氏篇), 자장편(子張篇)

이 문장은 젊은 시절 '다툼을 경계하고, 집안을 항상 청결히 할 것'을 말하고 있습니다.

『논어(論語)』 계씨편(季氏篇)에는 공자께서 세가지 경계할 것에 대해 말하고 있는데 "군자가 경계해야 할 세 가지가 있다. 젊었을 때는 혈기가 아직 안정되지 않았으니 색을 경계해야 하고, 장성하여서는 혈기가 왕성하니 싸움을 경계해야 하고, 늙어서는 혈기가 쇠하였으니 물욕을 경계해야 하느니라."라고 하였습니다. 세상을 살아가며 경계해야할 것이 어찌 이 세 가지 뿐이겠습니까? 하지만 주변 사람들을 보면 여색과 싸움과 물욕 때문에 신상과 명예에 누가 되는 것이 대체로 이와 같습니다.

『논어(論語)』 자장편(子張篇)에 "물 뿌리고 청소하며, 손님을 맞이하고 접대하며, 어른 앞에 나아가고 물러난다."라는 말이 나옵니다. 즉, 자신의 주변을 깨끗하게 정돈하는 교육을 통하여 자신의 물건이나 방은 스스로 항상 깔끔하게 정돈하는 것을 배우고, 또한, 부모님과 주변의 어른들이 부르거나 어떤 일을 시키면 공손하게 응대하며, 일의 가볍고 무거움을 판단하여 일을 처리하는 방법을 배우게 한 것입니다. 마지막으로 나아가고 물러남에 예의를 갖추며, 행동거지를 단정하게 하는 것을 의미하는데 이를 통해 어떤 일을 해야 하는지? 하지 말아야 하는지? 또 어떤 약속을 해야 하는지? 하지 말아야하는지?를 가르친 것입니다.

예의범절은 삶을 살아가는데 가장 기본이 되는 처신이 아닐까 합니다. 이 말은 중국 춘추시대 공자의 제자로 공문십철(孔門十哲)의 한 사람인 자하(子夏)가 가장 중시한 근본 교육법인데 어려서부터 성인이 되기까지 반드시 해야 하는 처세라고 할 수 있습니다.

1-43~44

일은 반드시 여쭈어 행하고
감히 자기 멋대로 하지 말라.
한번 부모를 속이면
그 죄가 산과 같으니라.

事必稟行하고　　無敢自專하라.
사 필 품 행 하고　　무 감 자 전 하라.
一欺父母면　　其罪如山이니라.
일 기 부 모 면　　기 죄 여 산 이니라.

【관련】 소학집주(小學集註), 소자전서(邵子全書)

이 문장은 '자신의 뜻을 굽히고 부모의 명을 받아 일을 행하는 것과 부모를 대할 때 품성의 중요성'에 대해 강조하고 있습니다.

『소학(小學)』 가언편(嘉言篇)에서 마온공(司馬溫公)은 "항렬이 낮거나 나이가 어린 사람은 일의 크고 작음을 가리지 않고 독단적으로 일을 처리하지 못한다. 반드시 집안 어른께 묻고 여쭈어서 행해야 한다."고 하였다. 그러면서 "자식이 부모의 명을 받을 때는 반드시 책자에 기록하고, 그것을 몸에 지니고 때때로 살펴보고 속히 시행해야 한다. 그리고 일이 끝나면 돌아와서 아뢰어야 한다."고 하였는데 "혹시 명을 받은 것 중에 실행할 수 없는 것이 있으면 온화한 얼굴과 부드러운 목소리로 옳고 그름과 이해관계를 모두 갖추어 말해야 한다. 부모의 허락을 기다린 다음에 명을 고치고, 만약 허락하지 않는 경우에도 일에 큰 해를 끼치지 않는다면 마땅히 자신의 뜻을 굽히고 부모의 명령에 따라야 한다."고 말하고 있습니다.

만약 부모의 명이 잘못되었다고 하여 곧장 자신의 뜻대로 행한다면 비록 자신의 생각이 모두 옳다고 해도 오히려 불손한 자식이 될 것입니다. 하물며 자신의 생각이 반드시 옳지 않는 경우에는 더 말할 필요도 없을 것입니다.

부모를 속인 죄는 태산보다도 크다고 합니다. 부모가 되어봐야 아이를 품고서 용서하는 마음을 알게 된다고 합니다. 거짓인 줄 뻔히 알면서 속아 넘어가는 것은 그 죄가 산과 같아서 자녀를 죄인으로 만들고 싶은 부모는 없어서 그러할 것입니다. 부모를 속이는 거짓말은 모두 마음으로부터 비롯되는 것이니 교육을 통해 아름다운 품성을 기르는 것의 중요성을 강조한 것입니다.

『소자전서(邵子全書)』에 강절소선생(康節邵先生)이 자제들에게 훈계하기를 "사람 중에 자질이 가장 뛰어난 사람은 가르치지 않아도 선하고, 중간쯤 되는 사람은 가르쳐야만 선하고, 가장 못난 사람은 가르쳐도 선하게 되지 않는다. 가르치지 않아도 선한 사람이 바로 성인(聖人)이며, 가르쳐야 선하게 되는 사람은 현인(賢人)이다. 가르쳐도 또한 선하게 되지 못하는 사람은 어리석은 사람이다."고 하면서 "여기서 선을 안다는 것은 길(吉)함을 말하고, 선하지 못하다는 것은 흉(凶)함을 의미한다. 길한 자는 눈으로 예(禮)가 아닌 색(色)을 보지 않으며, 귀로는 예가 아닌 소리를 듣지 않으며, 입으로는 예가 아닌 말을 하지 않고, 발로는 예가 아닌 곳을 밟지도 않는 것이다. 따라서 선한 사람이 아니면 교류하지 않고, 의로운 물건이 아니면 가지지 않으며, 어진 사람을 가까이 하기를 지초와 난초에 다가가듯 하며, 악한 사람을 피하기를 뱀이나 전갈을 두려워하듯이 하니, 이와 같다면 어떤 사람이 그를 길한 사람이 아니라고 말해도 나는 믿지 않을 것이다.

흉(凶)한 사람의 말은 이치에 맞지 않아 속이며, 이익을 좋아하고 잘못을 꾸미며, 음란함을 탐하고 화가 될 일을 즐긴다, 어질고 착한 사람 미워하기를 원수같이 하고, 형벌과 법을 어기는 것을 물을 마시거나 밥을 먹듯이 하여 작게는 몸을 죽이고 생명을 멸하며, 크게는 종족을 전멸시키고 후사를 끊어지게 한다. 이와 같다면 그 사람을 어떤 사람이 흉한 사람이 아니라고 해도 나는 믿지 않을 것이다." 고 하였으니 마음에 되새길만한 교훈이라 할 것입니다.

옛말에 "길한 사람은 선을 행하면서 시간이 부족하다고 말하고, 흉한 사람은 선하지 않은 일을 행하면서 날로 부족하게 여긴다."고 하였습니다. 우리는 흉(凶)한 사람보다 길(吉)한 사람이 되도록 노력해야 하겠습니다.

【1-45~46】

눈 속에서 죽순을 구한 것은
맹종의 효도요.
얼음을 깨고 잉어를 얻은 것은
왕상의 효도이다.

雪裏求筍은	孟宗之孝요.
설리구순은	맹종지효요.
剖氷得鯉는	王祥之孝니라.
부빙득리는	왕상지효니라.

【관련】 진서(晉書) 오지(吳志) 맹종전(孟宗傳)·왕상전(王祥傳)

이 문장은 중국 고사에서 인용한 '효행'을 말한 것으로 유명한 오나라 사람 맹종(孟宗)[11]과 진나라 왕상(王祥)[12]의 이야기인데, 이 두 사람은 중국

11 생몰연대 미상, 고대 중국 오(吳)나라 강하(江夏) 사람으로 자(字)는 공무(恭武)이며 효자로 맹자(孟子)의 18대 손이다. 원(元)나라 시기 선정한 '중국 24효(孝)의 한사람이다.

12 〔180(184?)~268〕고대 중국 삼국시대 위(魏)나라 서진(西晉)의 효자로 자(字)는 휴징(休徵)이며, 원(元)나라 원(元)나라 시기 선정한 '중국 24효(孝)의 한사람이다.

역사상 제일로 손꼽히는 24명의 효자, '이십사효(二十四孝)'에 속하는 사람들입니다.

『진서(晉書)』 오지 맹종전 (吳志 孟宗傳)에 "맹종은 오나라 강하 사람인데 효행이 지극하였다. 어미가 나이가 들어 병이 위중하여 겨울에 죽순을 먹고자 하였으나 땅이 얼어 죽순이 없는지라 맹종이 대숲에 들어가 슬피우니 이윽고 땅 위에 죽순 두어 줄기가 나와서 가지고 돌아와서 국을 만들어 어미께 드려서 먹으니, 병이 나아서 사람들이 말하되 지극한 효성으로 감동한 것이라고 하였다."고 합니다. 이 고사에서 '눈 속에서 죽순을 구했다'는 뜻으로 '설리구순(雪裏求筍)'이라는 말이 나오게 된 것입니다.

또한, 『진서(晉書)』 왕상전(王祥傳)에 "왕상은 진나라 낭야 사람인데, 일찍 어미를 여의고 아버지 왕융(王融)이 계모 주(朱)씨를 맞아들였으나 심한 박대(薄待)를 받았지만 계모 주씨가 한겨울에 물고기를 먹고 싶어하니 맨몸으로 얼어붙은 호수에 누워 체온으로 얼음을 녹여 잉어를 잡아 봉양하여 계모를 회개(悔改)토록 했다."는 뜻에서 '부빙득리(剖氷得鯉)'라는 말이 나오게 된 것이니, 효도는 이처럼 부모를 공경하며 기쁘게 해드리는 것이라고 할 수 있습니다.

1-47~48

내 몸이 능히 어질면
명예가 부모께 미치느니라.
내 몸이 어질지 못하면
욕이 부모께 미치느니라.

我身能賢이면 **譽及父母**니라.
아 신 능 현 이면 예 급 부 모 니라.

我身不賢이면　　辱及父母니라.
아신불현이면　　욕급부모니라.

【관련】 소학집주(小學集註), 가례(家禮) 통례편(通禮篇), 예기(禮記) 내칙편(內則篇)

이 문장은 자녀의 '어진 행동으로 인하여 그 영향이 부모에게 미침'을 말하고 있습니다.

『가례(家禮)』 통례편(通禮篇)에 "자식을 낳아 지식이 생길 때부터 마땅히 착하게 지도해야 한다. 만약 어리다고 가르치지 않고 이미 장성한 후에 이르러 잘못된 것을 익히고 마음이 풀어진 다음에는 이를 가르치기가 심히 어렵다. 가르치는 순서는 마땅히 『소학(小學)』을 따라야 한다. 무릇 한 집안에 예법이 행해지고 서간이나 책, 붓과 묵 이외에 다른 잡기가 없으면, 자제들 또한 마음을 밖으로 달려 배움을 저버리는 우환이 없게 된다. 형제의 자식은 내 자식과 같으니 그를 사랑하고 가르치기를 마땅히 균일하게 하고 경중과 후박을 두어서는 안 되느니라."고 하였습니다.

또한, 『예기(禮記)』 내칙편(內則篇)에 "부모님께서 비록 돌아가셨다고 하더라도 장차 착한 일을 하려고 할 때에 부모님께 아름다운 명예를 끼치게 될 것을 생각해서 반드시 실행해야 하며, 장차 착하지 못한 일을 하려고 할 때 부모님께 부끄러움과 욕됨을 끼치게 될 것을 생각해서 반드시 하지 말아야 한다."고 하였으니, 예나 지금이나 자식을 교육시키는 문제는 중요한 일이어서 부모들에게는 가장 신경이 쓰는 문제이기도 합니다. 비단 자식의 잘못으로 부모에게 불명예와 욕됨을 말하지 않더라도 자녀의 교육방식에 대해서는 격몽요결에서 제시한 율곡의 방식이 당시의 상황에서는 타당성이 있었습니다만, 현대사회에서는 수용되기 어려운 측면이 많아 보입니다. 어릴 때부터 개성과 적성을 개발하는 것이 큰 흐름이지만 교육환경

을 만들어 주고 이끌어 주는 것에는 변함이 없어 보입니다.[13]

1-49~50

멀리 가신 선조를 추모하고 근본에 보답하여
제사를 반드시 정성스럽게 지내라.
선조가 있지 않았으면
내 몸이 어찌 생겨났겠는가?

追遠報本하야　　**祭祀必誠**하라.
추 원 보 본 하야　　제 사 필 성 하라.
非有先祖면　　**我身曷生**이리오.
비 유 선 조 면　　아 신 갈 생 이리오.

【관련】 소학집주(小學集註), 논어(論語) 학이편(學而篇) · 선진편(先進篇) · 옹야편(雍也篇) · 팔일편(八佾篇)

이 문장은 조상에 대한 '제례의 중요성'에 대해 말하고 있습니다. 『논어(論語)』 학이편(學而篇)에서 증자는 "부모님의 장례를 극진히 모시고, 멀리 돌아가신 조상(先祖)을 추모하면 백성의 덕(德)이 두텁게 될 것이다."라고 하여 춘추전국시대에 왕과 지배자들의 모범적 실천을 통해 예(禮와)와 덕(德)이 지배하던 주나라 시대로 돌아가자고 말하고 있습니다.

시대를 초월하여 사람으로서 평생 동안 행해야할 중요한 예의에는 관혼상제(冠婚喪祭)가 있는데, 어찌보면 통과의례라고 볼 수도 있겠지만 인간이기에 반드시 예를 갖춰 기쁨과 슬픔과 경건한 마음으로 정성을 다해야 합니다.

---

13 https://mong-grim.tistory.com/192 [할아버지가 읽어주는 고전이야기:티스토리]

『논어(論語)』 선진편(先進篇)에 계로(季路)가 공자에게 귀신의 섬김을 묻자 "사람을 잘 섬기지 못한다면 어떻게 귀신을 섬기겠는가?"고 하니 계로는 "감히 죽음을 묻습니다." 하였다. 공자께서는 "삶을 모른다면 어떻게 죽음을 알겠는가?" 하였습니다. 또한 논어(論語) 옹야편(雍也篇)에서 공자는 "사람이 지켜야할 도리에 힘쓰고 귀신을 공경하되 멀리하면 지혜롭다."고 하였는데, 허황된 세상의 이야기를 언급함으로써 일어날 혼란과 마찰을 우려하여 귀신의 존재에 대해 긍정도 부정도 하지 않았지만 조상에 대한 제사와 제례는 매우 중시하였습니다.

상례(喪禮)와 제례(祭禮)는 죽음과 삶이 교차하는 지점 즉, 하늘과 사람이 만나는 교차점으로 유교에서 인(仁)을 말할 때에 반드시 효(孝)를 말하고 예(禮)를 말하면서 상례(喪禮)와 제례(祭禮)를 말하는데 이 둘은 산 사람이 죽은 사람을 대하는 교제(交際)의 도리인 것입니다.

제례는 조상신에게 올리는 의식인데, 『논어(論語)』 팔일편(八佾篇)에서 공자는 "제사를 지낼 때는 마치 조상이 와 계시듯 하셨으며, 신(神)에게 제사를 지낼 때는 마치 신이 거기에 와 있는 듯이 하여야 한다."라고 하였습니다. 오늘날 제사가 너무 형식화되어 가고 있어 제사의 대상인 조상신이 강림하여 후손들과 함께하는 모습을 느끼기 힘들게 된 것을 경계하여 말한 것입니다.

세상은 자기 방식대로의 행함과 옛것에 대한 비하와 무시가 난무하고 있는데, 제사를 지내야 하는가? 말아야 하는가? 와 절차와 형식을 어떻게 따라야 하는가?에 대한 물음보다는 성심과 성의로써 돌아가신 조상을 되새기며, 추모의 예를 갖추는 것이 조상의 핏줄을 이어받은 후손이 해야 할 일인 것입니다. 또한, 무너져가는 인간성을 회복하는 길은 현재의 삶에 충실하는 것이며, 살아가는 동안 인(仁)과 도리(道理)를 실천하는 것입니다.

1-51~52

어버이 섬기기를 이와 같이 하면
효도한다고 이를 만하다.
능히 이와 같이 하지 못하면
금수와 다름이 없느니라.

事親如此면	**可謂孝矣**니라.
사 친 여 차 면	가 위 효 의 니라.
不能如此면	**禽獸無異**니라.
불 능 여 차 면	금 수 무 이 니라.

【관련】 효경주소(孝經注疏), 예기(禮記) 제의편(祭義篇)·곡례편(曲禮篇), 시경(詩經) 한시외전(漢詩外傳)

이 문장은 어버이에 대한 자식의 '공경과 효의 덕목'에 대해 말하고 있습니다. 효행은 아무리 강조해도 지나침이 없어서 여러 성인들이 시대를 초월하여 제자들에게 늘 강조하였습니다.

『효경주소(孝經注疏)』 제 6권에 공자께서는 "효자가 어버이를 섬김은 기거하심에는 공경을 다하고, 봉양함에 즐거움을 다하고, 병드심에는 근심을 다하고, 돌아가심에는 슬픔을 다하고, 제사 지냄에는 엄숙을 다하는 것"이라고 했으며, 송나라의 유학자인 주자(朱子)는 10가지 가르침인 주자십회훈(朱子十悔訓)에서 "부모에게 효도하지 않으면 돌아가신 뒤에 뉘우친다. 즉, 돌아가시고 나면 후회해도 이미 늦으니 살아계실 때 잘 보살펴드려야 한다."고 하였습니다.

또한, 증자(曾子)는 『예기(禮記)』에서 "효도에는 세 가지가 있다."고 하여, 첫째로 대효(大孝)는 어버이를 존중하는 것이요, 둘째는 욕되게 하지 않는 것이요, 셋째는 잘 봉양(奉養)하는 것이다."고 말하고 있습니다.

지난 시절 대가족제도의 어려운 형편 속에서도 조상들은 부모를 봉양하고 자녀들을 교육시키며 살아왔지만 시대가 급변하여 핵가족화 되고, 경제 여건 및 사고방식의 변화로 인해 노인들이 설자리를 잃어가고 있으며, 부모에 대한 공경이 약화되어 가고 있음에 대유학자들은 효행이 붕괴될 것을 미리 짐작이라도 한듯이 효(孝)에 대하여 입에 침이 마르도록 강조하여 말한 것으로 느껴집니다.

『시경(詩經)』의 해설집인 『한시외전(漢詩外傳)』 제 9권에는 '바람이 그치지 않음을 나무가 탄식한다.' 라는 말이 나옵니다. "나무는 고요하고자 하나 바람이 그치지 아니하고, 자식이 봉양하고자 하나 부모는 기다려주지 않는다."고 하였으니, 우리가 입신양명(立身揚名)하여 세상 물정을 알게 되고 부모의 존귀한 희생과 그 사랑을 알아서 효도하려고 하나 이미 부모는 병이 들어 분별함을 잃고 또한, 이 세상에 없으니 뒤늦게 깨달음을 얻은 자식으로서 얼마나 통탄스러운 일이겠습니까?

사람이 짐승(禽獸)과 다른 점은 생각할 수 있다는 힘이 있고, 그로 인해 옳고 그름을 분별하여 행할 수 있는 능력을 지녔다는 것입니다. 사람으로 태어나 사람다운 일을 행해야 만이 사람다운 사람이 될 수 있고, 사람답게 살았다고 할 것입니다.

우리는 불효를 일삼고도 얼굴이 두꺼워 부끄러움을 모르는 후안무치(厚顔無恥)와 부모보다는 재물에 눈이 멀어버린 겉모습은 사람의 얼굴을 하고 있으나 속마음은 짐승인 인면수심(人面獸心)의 마음을 가진 적은 없었는지? 되돌아볼 일입니다.

『예기(禮記)』 곡례편(曲禮篇)에 "이제 사람으로서 예가 없다면 또한 금수와 같은 마음이 아니겠는가? 그런 까닭에 성인이 일어나서 예를 만들어 사람들을 가르쳐 사람으로 하여금 예가 있게 하였다. 그것이 사람이 짐승과 다르다는 것을 저절로 알게 한다."고 하였습니다.

第2 忠孝篇 (충효편)

충성과 효도를 실천하라

2-1~2

배움이 넉넉하면 벼슬하여
나라를 위해 충성을 다하라.
일을 공경하고 미덥게 하며 씀을 절약하여
백성을 사랑하기를 자식과 같이 하라.

學優則仕하야　爲國盡忠하라.
학 우 칙 사 하야　위 국 진 충 하라.
敬信節用하야　愛民如子하라.
경 신 절 용 하야　애 민 여 자 하라.

【관련】 소학집주(小學集註), 논어(論語) 헌문편(憲問篇)·학이편(學而篇), 목민심서(牧民心書), 송사(宋史) 범질열전(范質列傳)

이 문장은 선비가 배움이 있은 후에 관리로 나아가 국가를 위해 헌신하며 그러한 과정에서 '관리로서 마음가짐과 자세 및 백성을 섬기는 것'에 대하여 말하고 있습니다.

『논어(論語)』 헌문편(憲問篇)에서 공자는 "선비가 되어서 편안히 자기만을 위해서 살고자 한다면 선비라고 할 수 없다."고 말하고 있습니다.

예전의 선비들은 지금과 달리 학문하는 목표가 출세에 있지 않았고 자신을 수양하는 것에 있었습니다. 또한, 자신이 습득한 지식을 사회에 적용하여 많은 사람들이 혜택을 받도록 하였고, 나라가 위급한 상황에 빠지면 목숨을 바쳐 구국활동을 하였기에 선비라면 자신의 수양에만 그치고 편안한 처지에만 연연해 한다면 선비가 아니라고 말한 것입니다. 자신이 배우고 익힌 학문을 통해서 현실 정치에 적극적으로 참여하여 나라를 이롭게 해야 함을 거듭 강조하면서 선비가 지녀야할 지향의식에 대해 간접적으로 말하고 있습니다.

또한, 공자께서는 관리가 되어서는 어떻게 처신해야 하는가를 『논어(論語)』 학이편(學而篇)에서 "천승(千乘)의 나라를 다스리되 일을 공경하고 미덥게 하며, (재물을) 쓰기를 절도 있게 하고 사람을 사랑하며, 백성을 부리기를 때(농한기)에 맞게 해야한다."고 말하고 있습니다.

관리가 되어 나라의 공적인 일을 대함에 최선을 다하여 편중되지 않고 혜택이 고르게 돌아가도록 믿음직스럽게 처리해야 하며, 그 업무에 사용되는 모든 재물은 백성들의 세금으로 나온 것이니 아껴 쓰라는 것입니다, 또한, 나라를 위하여 백성을 부릴 때에는 시기에 맞게 처리하는 현명한 관리가 되는 요건을 말하고 있습니다.

다산 정약용은 그의 저서 『목민심서(牧民心書)』에서 "나라가 망하는 것은 외세의 침입이 아니라 공직자의 부정부패에 의한 민심의 이반이다."라고 하였으니, 백성을 제 자식처럼 사랑하고 받드는 것이 얼마나 어려운 일인지 배움에 있는 사람이 가슴에 새겨둘 말입니다.

『송사(宋史)』 범질열전(范質列傳), 송문감(宋文鑑)에 "너에게 녹봉을 구하는 것에 대한 배움을 경계하노니 도(道)와 예(藝)를 부지런히 함만 같음이 없다. 일찍이 격언(格言)을 들으니, '배우고 남는 힘이 있으면 벼슬을 한다.' 고 하였으니, 남이 나를 알아주지 않음을 근심하지 말고, 오직 배움이 지극하지 못함을 근심하여야 한다."고 하였습니다.

배운다는 것은 벼슬하여 녹봉을 받는 것에 목적이 있는 것이 아니고 자신의 인격을 수양하여 진정한 도를 실천하는 삶을 살기 위함이며, 남에게 잘 보이고, 남들 위에 군림하기 위해서가 아닙니다. 남이 나를 알아주지 않음에 대한 근심과 걱정보다는 진정한 도를 깨우치지 못함에 대한 성찰과 노력의 중요성을 경계한 말입니다.

2-3~4

인륜의 가운데에
충성과 효도가 근본이 되니
효도는 마땅히 힘을 다해야 하고
충성은 목숨을 다해야 한다.

人倫之中에	**忠孝爲本**이니
인 륜 지 중 에	충 효 위 본 이니
孝當竭力하고	**忠則盡命**하라.
효 당 갈 력 하고	충 칙 진 명 하라.

【관련】 소학집주(小學集註), 논어(論語) 위정편(爲政篇)

이 문장은 사람이 반드시 지켜야할 윤리 가운데 '충성과 효도의 중요성과 방법'에 대하여 말하고 있습니다. 국가와 가정은 개인이 사회를 구성하고 유지시켜 나가는 최대의 단위이자 최소의 출발점입니다.

『논어(論語)』 위정편(爲政篇)에 어떤 사람이 공자에게 물었다. "선생님은 어찌하여 정치를 하지 않으십니까?" 공자께서는 "서경(書經)에 효도하라, 오로지 효도하라! 그리고 형제간에 우애롭게 살아라. 효도와 우애를 실천하는 것이 정치에 나타난다.' 라고 했으니 효도와 우애도 역시 정치하는 것이거늘 어찌 따로 정치할 것이 있겠는가?"하여 정치에 감화를 끼치는 것이 바로 정치를 하는 것이라고 말하고 있습니다.

국가 없는 개인이란 존재할 수 없으며, 개인 없는 국가 또한 존재할 수 없겠지요. 개인이 모여 가정을 이루고 국가라는 단위를 이루는 것입니다. 국가의 근본인 가정에서 공경과 우애가 이루어져 가정이 안정을 찾고 화목해진다면 그로 인하여 개인이 국가에 이바지하여 발전하는 것이 곧, 충성할 수 있는 바탕이 된다는 것으로 공자의 말은 수신제가치국평천하(修身齊家治國平天下)를 염두해 둔 말이라고 하겠습니다.

효란 무엇인가요? 부모를 즐겁게 해드리는 것이고, 그로 인하여 내가 발전하는 것이며, 나의 발전이 국가의 발전으로 이어지는 것입니다. 여러분이 인생의 목표를 정하고 그곳에 도달하기 위해 열심히 노력하는 모습이 부모에 대한 효도요, 국가에 대해 충성하는 길이라고 할 수 있습니다.

第3 齊家篇 (제가편)

집안을 가지런히 하라

3-1~2

부부의 인륜은
두 성씨가 합한 것이니
내외가 분별이 있어서
서로 공경하기를 손님처럼 하라.

夫婦之倫은　　二姓之合이니
부 부 지 륜 은　　이 성 지 합 이 니
內外有別하야　　相敬如賓하라.
내 외 유 별 하 야　　상 경 여 빈 하라.

【관련】 주역(周易) 함괘(咸卦), 중용(中庸)

이 문장은 '부부간의 도리'에 대하여 말하고 있는 것으로, 부부(夫婦)는 서로 다른 환경에서 자라나 서로 다른 생각을 가진 남녀가 만나서 자녀들의 아버지와 어머니로서 가정을 이루며, 나아가 사회와 국가를 유지하는 기초가 되는 것입니다.

『주역(周易)』 함괘(咸卦)에는 부부에 대해 "하늘과 땅이 있은 연후에 만물(萬物)이 있고, 만물이 있은 연후에 남녀(男女)가 있으며, 남녀가 있은 연후에 부부가 있고, 부부가 있은 연후에 아비와 아들이 있고, 아비와 아들이 있은 연후에 임금과 신하가 있고, 임금과 신하가 있는 연후에 위와 아래가 있고, 위와 아래가 있는 연후에 예의(禮義)를 둘 곳이 있다."고 하였습니다. 하늘과 땅은 만물의 근본이며, 부부가 인륜의 시작임을 말하고 있는 것입니다.

『중용(中庸)』 12장에는 "어리석은 부부라도 (도를) 알 수 있지만, 그 지극함에 이르러서는 비록 성인이라 할지라도 다 알 수 없는 바가 있다. 어리석은 부부라도 (도를) 행할 수는 있지만, 그 지극함에 이르러서는 비록 성인이라 할지라도 능히 행할 수 없는 부분이 있다."고 하여 지극한 군자(君子)의 도(道) 또한 부부에서 비롯되는 것이며, 부부에서 시작된 군자의 도가 천하 전체에 이르게 된다고 역설하고 있습니다. 이것은 주역(周易)에서 말하는 부부간과 다르지 않으며, 궁극적으로 사람 사이의 모든 도리와 사람답게 사는 윤리의 근원이자 근간이 부부(夫婦)에 있다고 말하는 것이며, 사회를 유지하는 도리와 실천 원리 역시 부부에서 비롯됨을 뜻한다고 하겠습니다.

1906년에 우리나라 최초의 여성잡지(女性雜誌)인 '가뎡(가정)'에 실렸던 부부 십계명(十誡命)[14]이 있는데 소개하자면,

제1계 밖에서 불편하던 얼굴로 집안 식구를 대하지 마시오.

제2계 무단히 나가 자거나 밤늦게 돌아오지 마시오.

제3계 자녀 있는 데서 아내의 허물을 책하지 마시오.

제4계 친구의 접대로 아내를 괴롭게 하지 마시오.

제5계 의복으로 잔말 마오.

제6계 남편의 부족한 일이 있거든 조용히 남편에게 권하시오.

제7계 물건이 핍절한 소리내기를 절조 있게 하시오.

제8계 남편이 친구와 담화할 때 뒤에 엿보지 마시오.

제9계 함부로 의복 구하기를 일삼지 마시오.

제10계 목소리를 크게 하여 역하게 마시오.

---

14 제1계~5계는 남편이 지켜야 할 것이고, 제6계~제10계는 아내를 위한 계명이다.

시대와 세대의 생활양식과 사고방식의 변화로 인해 부부 간의 예의와 범절이 다양화되고 바뀌었지만 기본적인 덕목은 예나 지금이나 크게 변하지 않은 듯합니다. 서로를 아끼는 마음으로 존중과 배려가 부부 사이에 넘치고, 만복의 근원이자 인륜의 시작인 부부가 서로를 항상 귀한 손님처럼 대한다면 그 안에서 자라나는 아이들은 얼마나 행복하며 향기로운 가정이 되겠습니까?

3-3~4

남편의 도리는 화하고 의로운 것이요
부인의 덕은 유순한 것이니라.
남편이 선창하고 부인이 따르면
가도가 이루어지리라.

夫道和義요	**婦德柔順**이니라.
부 도 화 의 요	부 덕 유 순 이니라.
夫唱婦隨면	**家道成矣**리라.
부 창 부 수 면	가 도 성 의 리라.

【관련】 예기(禮記) 곡례편(曲禮篇) · 혼의편(昏義篇) · 가례(家禮) 통례(通禮)

이 문장은 '남편의 도리와 부인의 유순함으로 집안을 화목하게 만드는 것'에 대해 말하고 있습니다.

『예기(禮記)』 곡례편(曲禮篇)에 "어린 자식에게 항상 속이지 않음을 보여주며, 서 있을 때에는 반드시 방향을 바르게 하며, 귀를 기울여 듣지 않도록 한다."고 하였는데, 남편은 집안을 화목하게 만들고 아내와 자녀 앞에서 불의를 행한다거나 비굴한 행동을 하지 않음으로써 믿음과 진실을 익히도록 하기 위한 것입니다.

또한, 『예기(禮記)』 혼의편(昏義篇)에는 "부인의 예를 이루고 부인의 순종을 밝히며 또, 그것을 대대로 거듭 드러내는 것은 부인의 순종을 엄중히 책임 지우기 위한 것이다. 부인의 순종이란 시부모에게 순종하며 집안에서 화목함으로써 그런 뒤에 남편에게 대하여 길쌈의 일을 이루며, 이로써 포개어 쌓은 물건과 덮어 감춘 것을 자세히 살펴 알아두는 것이다. 그러므로 부인의 순종이 갖추어진 뒤에라야 안으로 화목하게 다스려지고 안으로 화목하게 다스려진 뒤에라야 가문이 오랫동안 유지되는 것이다." 라고 하였습니다.

여기서 순종이란 유순함을 말하는 것이다. 부부로 오래 살다보면 격이 없어지고 서로를 인격적으로 공경하는 마음을 잃어 함부로 대하게 되는데 오늘날은 예전과는 다른 생활방식이므로 고전의 예문이 맞지 않는 경우가 있을 수 있습니다. 하지만 동서고금을 막론하고 가족에게 어머니의 위치는 부드러움이 있어야 하며 아버지로서는 자상함이 요구된다고 하겠습니다.

『가례(家禮)』 통례(通禮)에 "지금 배운 사람들은 겉으로는 비록 엄숙하지만 안으로는 독실한 사람이 드물다. 부부간에 잠자리에서 대부분이 함부로 정욕을 내어 위엄과 의례를 잃는 경우가 많다. 그러므로 부부가 서로 흉허물없이 가깝지 않고 서로 공경할 줄 아는 사람이 심히 적다. 이와 같다면 수신을 하고 집안을 바로잡고자 하여도 또한 어렵지 않겠는가? 반드시 모름지기 남편은 화합하는 태도로 올바르게 제어하고, 아내는 유순하며 올바른 도리로써 받들어 부부 사이에 예의와 공경을 잃지 않은 후에 집안을 다스릴 수 있다. 만약 종전에 서로 허물없이 대하다가 하루아침에 갑자기 서로 공경하고자 한다면 그 형세대로 실행하기 어렵다. 모름지기 아내와 더불어 서로 경계하여 반드시 예전의 습관을 버리고 점차적으로 예에 들어가는 것이 옳은 일이다. 아내가 만일 나의 말과 처신이 한결같이 바른 도리에서 나오는 것을 보게 되면 반드시 점차 서로 믿고 순종할 것이니라." 고 하였습니다.

부부가 된다는 것은 작게는 두 사람의 만남이라고 말할 수 있지만 크게 생각하면 서로 다른 두 가정이 만나 새로운 인척(姻戚) 관계를 형성하는 것이며, 나아가 두 가문(家門)이 결합되는 것입니다. 그래서 서로 아끼고 사랑하면서도 부부간의 예(禮)를 잃지 않고, 남편은 항상 아내를 공경하고, 아내 역시 남편을 공경할 때 화목한 가정이 이루어질 수 있으며, 조화로운 가족 관계가 원만히 유지될 수 있는 것입니다.

第4 兄弟篇 (형제편)

형과 아우는 우애하라

4-1~2

형제와 자매는
같은 기운을 받고 태어났으니
형은 우애하고 동생은 공손하여
감히 원망하거나 성내지 말라.

兄弟姊妹는　　**同氣而生**이니
형제자매는　　동기이생이니
兄友弟恭하야　**不敢怨怒**니라.
형우제공하야　불감원노니라.

4-3~4

뼈와 살은 비록 나누어졌으나
본래 한 기운에서 태어났느니라.
형체는 비록 다르나
본래 한 핏줄을 받았느니라.

骨肉雖分이나　**本生一氣**니라.
골육수분이나　본생일기니라.
形體雖異나　**素受一血**이니라.
형체수이나　소수일혈이니라.

4-5~6

이것을 나무에 비유하면
뿌리는 같고 가지는 다른 것이니라.
이것을 물에 비유하면
근원은 같고 흐름은 다른 것이니라.

比之於木하면　**同根異枝**니라.
비 지 어 목 하면　동 근 이 지 니라.
比之於水하면　**同源異流**니라.
비 지 어 수 하면　동 원 이 류 니라.

【관련】 소학집주(小學集註) 경신편(敬身篇)

이 문장은 형제자매는 부모라는 하나의 기운을 받고 태어났으므로 서로를 '공경하며 우애'하라고 말하고 있습니다.

『소학(小學)』 경신편(敬身篇)에 공자께서는 "군자가 공경하지 않음이 없으나 몸을 공경함이 가장 크다. 몸은 부모의 가지이니, 감히 공경하지 않을 수 있겠는가? 그 몸을 공경하지 않으면 이는 그 어버이를 상하게 하는 것이요, 그 어버이를 상하게 하면 이는 뿌리를 상하게 하는 것이니, 그 뿌리를 상하게 하면 가지도 따라서 망한다."고 하였습니다.

몸은 어버이에게 있어 나무에 가지가 있음과 같고, 어버이는 자신에게 있어 마치 나무에 뿌리가 있음과 같아서 서로 필요하고 몸을 함께 하니, 이 때문에 감히 공경하지 않을 수 없는 것입니다.

부모와 자식의 관계를 나뭇가지와 물의 근원에 비유하여 말하였는데, 나무의 몸통이 부모라면 거기에서 뻗어온 가지는 자식으로 형제자매가 되는 것이며, 물의 근원은 부모가 되는 것이고 지류는 자식이 되는 것으로 말하자면 가정이라는 나무와 물의 근원으로 얽혀진 가족공동체인 것입니다.

가족은 하늘이 내린 것으로 세상 어떤 인연보다 귀한 것이며, 형제 자매란 비록 생김새가 다르고 몸이 따로 떨어져 있지만 결국 한 부모의 유전자를 물려받고 태어났으니 한 몸과 같은 존재입니다. 어찌 형제와 자매의 모습이 다르다고 해서 서로 아무런 관계가 없는 것처럼 서로를 구분지어 말하며 서로 다투고 우애를 외면할 수 있겠습니까?

4-7~8

형제는 서로 화합하여
다닐 때에는 기러기 항렬처럼 하라.
잘 때에는 이불을 연하고
먹을 때에는 밥상을 함께 하라.

兄弟怡怡하야　行則雁行하라.
형 제 이 이 하야　행 칙 안 행 하라.
寢則連衾하고　食則同牀하라.
침 칙 연 금 하고　식 칙 동 상 하라.

4-9~10

나눌 때에 많음을 구하지 말며
있고 없는 것을 서로 통하라.
그 의복과 음식을 사사로이 하면
오랑캐의 무리이니라.

分毋求多하며　有無相通하라.
분무구다하며　유무상통하라.
私其衣食이면　夷狄之徒니라.
사기의식이면　이적지도니라.

【관련】 소학집주(小學集註), 예기(禮記) 왕제편(王制篇) · 곡례편(曲禮篇)

이 문장은 모든 일의 근본은 가정의 화목함으로부터 시작되는 것이니 다닐 때의 '배려와 공감을 통해 함께하는 조화로움과 분배와 나눔의 중요성'에 대해 말하고 있습니다.

『예기(禮記)』 왕제편(王制篇)에 "길을 갈 때 남자는 오른쪽으로 가고 여자는 왼쪽으로 가며, 수레는 길 가운데를 따라간다. 아버지의 연배에게는 그 뒤를 따라가고, 형의 연배에게는 기러기 떼처럼 나란히 가며, 친구들 사이에서는 서로 앞서가지 않는다."고 하였습니다.

안행(雁行)은 기러기의 행렬로 남의 형제를 높여 이르는 말이라고 합니다. 기러기 떼는 ∧의 형태로 날아가는데 날개짓을 할 때마다 바람을 이용하여 뒤에 따라오는 새에게 상승 기류를 만들어서 혼자 날아갈 때보다 무리를 지어 ∧자로 날았을 때 무려 73% 이상의 비행 능력을 확보할 수 있다고 합니다. 앞서서 날아가던 기러기가 지치면 바로 뒤에 있던 기러기가 앞으로 나오고, 앞에 있던 기러기는 뒤로 물러나 다른 기러기의 도움을 받습니다. 하찮은 미물일지언정 배려와 협동을 아는 참으로 아름다운 모습입니다.

개인 프라이버시가 존중되는 사회에서 형제자매들이 함께 모여 식사를 하거나 같은 방에서 생활하는 모습을 보기가 힘들어진 요즘입니다. 『예기(禮記)』 곡례편(曲禮篇)에 "재물을 취할 때에는 구차하게 얻으려고 하지 않으며, 난리를 당해서는 구차하게 죽음을 피하려고 하지 않으며, 다툴 때는 구차하게 이기려고 하지 않으며, 나눌 때는 많이 얻기를 구하지 않아야 한다."고 하였습니다.

험한 세상을 살아가면서 형제자매 간에 넘치는 것은 나누고 부족한 것을 서로 채우며 살아간다면 어떠한 역경도 이겨낼 수 있을 것입니다. 형제(兄弟)가 곤경에 처하여 힘들어하는데도 자기(自己) 혼자서만 잘 입고 잘 먹는다면 그 행복에 무슨 기쁨이 넘치고 어떤 의미가 있겠습니까?

4-11~12

형이 의복이 없거든
아우가 반드시 드려라.
아우가 음식이 없거든
형이 반드시 주어라.

兄無衣服이어든 **弟必獻之**하라.
형 무 의 복 이어든 제 필 헌 지 하라.
弟無飮食이어든 **兄必與之**하라.
제 무 음 식 이어든 형 필 여 지 하라.

4-13~14

한 잔의 물이라도
반드시 나누어 마시고
한 알의 음식이라도
반드시 나누어 먹어라.

一杯之水라도　必分而飮하고
일배지수라도　필분이음하고
一粒之食이라도 必分而食하라.
일립지식이라도 필분이식하라.

【관련】 가례(家禮) 통례편(通禮篇)

이 문장은 형제자매끼리 행해야할 '우애'를 강조한 것으로 형제자매간에 물질적으로 부족한 부분을 살펴서 직접 도와줌으로써 어려움과 아픔을 함께하라고 말하고 있습니다.

인간과 인간과의 관계(關係)를 유지하기 위한 기본적인 문제를 예의 규범으로 정한 『가례(家禮)』의 통례편(通禮篇)에 "형제는 부모가 물려주신 몸을 같이 받았으니 나와 더불어 한 몸과 같다. 형제 보기를 마땅히 저와 나의 구분이 없게 하고, 음식과 의복의 있고 없음을 모두 당연히 같이 나눠야 한다. 만약 형은 굶주리고 아우는 배부르거나, 아우는 추운데 형은 따뜻하다면, 지체(肢體)가 어떤 것은 병들고 어떤 것은 건강한 것이니, 몸과 마음이 어찌 편안할 수 있으리오? 요즘 사람들이 형제간에 서로 사랑하지 않는 것은 모두 부모를 사랑하지 않는 것이다. 만약 부모를 사랑하는 마음이 있으면 어찌 그 부모의 자식을 사랑하지 않겠는가?"라고 말하고 있습니다.

인간이 살아가는데 필요한 최소한의 것이 있다면 의(衣), 식(食), 주(住)라고 할 것입니다. 오늘날은 산업화로 인하여 입는 것과 먹는 것 그리고 머무르는 집에 대해 심각한 고민의 단계는 어느 정도 해결되었지만 옛날에는 삶을 유지하는데 그 어느 것보다 먹고 입는 것 만큼 중요한 것이 없었습니다. 그래서 한잔의 물과 한 알의 음식이라는 작고 사소한 것을 예로 들어 세심하게 신경 쓸 것을 말하고 있습니다.

4-15~16

형이 비록 나를 꾸짖더라도
감히 항거하고 성내지 말라.
아우가 비록 잘못이 있더라도
모름지기 소리내어 꾸짖지 말라.

兄雖責我나　　**莫敢抗怒**하라.
형수책아나　　막감항노하라.
弟雖有過나　　**須勿聲責**하라.
제수유과나　　수물성책하라.

4-17~18

형제간에 착한 일이 있으면
반드시 밖에 칭찬하라.
형제간에 잘못이 있으면
숨기고 드러내지 말라.

兄弟有善이어든　**必譽于外**하라.
형제유선이어든　필예우외하라.
兄弟有失이어든　**隱而勿揚**하라.
형제유실이어든　은이물양하라.

【관련】 소학집주(小學集註), 격몽요결(擊蒙要結) 거가장(居家章), 예기(禮記) 방기편(坊記篇)

이 문장은 형제간에 '칭찬과 조언의 중요성과 방법'에 대한 예의범절을 말하고 있습니다.

『격몽요결(擊蒙要結)』 거가장(居家章)에 "형제가 만일 좋지 못한 행실을 저지르면 마땅히 정성을 다하여 간하고, 점차 도리로서 일깨우고 감동하여 깨닫게 하기를 기약할 것이요, 갑자기 노여운 낯빛과 거슬리는 말을 하여 그 화합함을 잃어서는 안 된다."고 하였습니다.

『예기(禮記)』 방기편(坊記篇)에 공자께서 말씀하시기를 "잘한 것은 다른 사람을 칭찬하고 잘못은 자기를 칭하면 백성들이 다투지 않으며, 잘한 것은 다른 사람을 칭하고 잘못은 자기를 칭하면 원망이 점차 사라진다." 고 하였습니다.

칭찬은 고래도 춤을 추게 합니다. 칭찬과 격려, 감사와 용기의 말이 인색한 시대에 살고 있는 요즘 사람들의 입에서 비난과 원망이 넘쳐나니 그만큼 삶이 개인주의화 되고 각박해지고 있다는 반증입니다. 형이나 윗사람이 나의 잘못을 지적할 때 겸허하게 자신을 반성하고 성찰할 줄 아는 마음의 여유가 있어야 하며, 나의 판단과 행동이 옳다 하여도 후에 공손히 자초지종을 설명하는 것이 겸손한 태도일 것입니다.

형제 간에 옳은 일과 착한 일을 했을 때 남들이 듣지 않는 곳에서 칭찬하고 격려함으로써 자화자찬을 피하면서 바른 것을 지향하며, 서로의 우애와 믿음을 확인하라는 것입니다. 타인의 잘못과 허물을 감싸주는 것은 우리에게 가장 부족한 덕목이 아닐까 합니다.

타인이 내 마음에 상처를 입히듯 내가 내뱉는 한마디 말과 행동이 누군가에겐 칼날이 되어 마음에 상처를 입히게 됩니다.

여기에서 형제 간의 잘못을 숨기고 드러내지 말라고 한 것은, 잘못을 감추고 덮어주라는 의미가 아닙니다. 굳이 남들이 몰라도 되는 사실을 고의적으로 퍼뜨려 곤란함에 빠뜨리면 형제의 마음에도 상처가 되니 불필요한 말을 하지 않을 것을 경계한 것입니다.

4-19~20

형제간에 어려운 일이 있으면
근심하고 구원해 줄 것을 생각하라.
형이 능히 이와같이 하면
아우 또한 본받으리라.

兄弟有難이어든 悶而思救하라.
형 제 유 난 이어든 민 이 사 구 하라.
兄能如此면 弟亦效之리라.
형 능 여 차 면 제 역 효 지 리라.

4-21~22

나에게 기쁨과 즐거움이 있으면
형제 또한 즐거워하고
나에게 근심과 걱정이 있으면
형제 또한 근심하느니라.

我有歡樂이면 兄弟亦樂하고
아 유 환 락 이면 형 제 역 락 하고
我有憂患이면 兄弟亦憂니라.
아 유 우 환 이면 형 제 역 우 니라.

4-23~24

비록 다른 친척이 있으나
어찌 형제간만 하겠는가.
형제가 화목하면
부모께서 기뻐하시느니라.

雖有他親이나 **豈若兄弟**리오.
수 유 타 친 이나 기 약 형 제 리오.
兄弟和睦이면 **父母喜之**시니라.
형 제 화 목 이면 부 모 희 지 시니라.

【관련】 소학집주(小學集註), 논어(論語) 헌문편(憲問篇), 시경(詩經) 상체(常棣)

이 문장은 형제가 '어려울 때 돕고, 기쁨을 함께 나누는 형제간의 우애'를 강조하여 말하고 있습니다. 사람이 어려울 때는 지푸라기라도 잡고 싶은 마음일 것입니다. 이럴 때 누군가가 나에게 도움의 손길을 내어준다면 평생의 은인이 되어 잊지 않고 그 고마움에 보답할 것입니다.

타인도 이러할진대 같은 피를 나눈 형제자매 사이에 도움의 손길을 내미는 것에 돕는 것은 당연히 행해야 할 도리인 것이다. 형제자매 사이의 친함과 소원함도 결국에 내가 선택하는 것이고, 내가 만드는 것이니 모든 잘못은 내가 덕을 베풀지 않음에 있는 것입니다. 하지만 우리는 남들이 어려울 때 외면하고 멀리하며 정작 자신이 어려울 때 도와주지 않음을 탓하고 원망합니다.

『논어(論語)』 헌문편(憲問篇)에 "가난하게 되면 세상을 원망하고 다른 사람을 탓하기 쉽다. 가난한 경우에 있더라도 원망하지 않기는 어려운 일이다. 그것은 부자가 되어서 교만을 억제하기보다 더 어려운 일이다."라고 하였으니, 가난한 자는 비굴하게 되기 쉽고 부자는 교만하기 쉽습니다. 가난해도 그 삶을 즐기고 부자라도 거만함과 교만함을 삼가고 타인을 공경하는 마음으로 살아야겠습니다.

『시경(詩經)』 상체(常棣)에 "처자와 정이 좋고 뜻이 합하는 것이 비파와 거문고를 타는 듯하며, 형제가 이미 화합하여 화락하고 즐겁도다. 너의 집안을 화목하게 하며 너의 처지를 즐겁게 하는구나."라고 하였으니, 형제가 화합하여 화목함에 이른다면 어찌 그 기쁨이 부모만의 즐거움이겠습니까?

第5 師弟篇 (사제편)
제자는 스승을 섬겨라

5-1~2

스승 섬기기를 어버이와 같이 하여
반드시 공손하고 반드시 공경하라.
선생께서 가르침을 베푸시거든
제자들은 이것을 본받아라.

事師如親하야 **必恭必敬**하라.
사 사 여 친 하야 필 공 필 경 하라.
先生施教어시든 **弟子是則**하라.
선 생 시 교 어시든 제 자 시 칙 하라.

【관련】 논어(論語) 술이편(述而篇) · 이인편(里仁篇) · 안연편(顔淵篇)

이 문장은 나를 가르쳐서 인간다운 삶을 살게 해주신 '스승에 대한 공경'을 말하고 있습니다.

이 세상에 나를 태어나게 해주시고 길러 주신 분이 부모님이라면, 나에게 지식을 가르쳐서 올바른 사람으로 살아갈 수 있도록 해주신 분은 스승입니다. 스승의 가르침이 아니라면 좋은 음식을 먹고, 멋진 옷을 입고 아무리 호화스러운 집에 산다고 해도 인간다운 삶을 살기는 어려울 것입니다. 그래서 스승의 은혜 또한 부모님의 은혜와 버금가는 것이며, 그 섬김 또한 부모님과 같아야 합니다.

『논어(論語)』 술이편(述而篇)에 공자께서는 "세 사람이 함께 길을 가면 반드시 나의 스승이 있으니, 그중에 선한 사람을 골라 따르고 그중에 선하지 못한 사람을 보고서 나의 잘못을 고쳐야 한다."고 하였습니다. 배움에 있어서 스승이란 학교에만 존재하는 것이 아니라 사회의 곳곳에서 모범이 될 만한 사람을 겸허하게 따라 배운다면 그 사람이 곧 나의 스승이라고 말할 수 있습니다.

군사부일체(君師父一體)라는 말은 임금과 스승과 부모의 은혜가 그 만큼 높다는 것을 말하는 것으로 섬김도 같아야 한다는 것입니다. 하지만 똑같은 존재는 아닙니다. 여기서는 임금이 백성에게, 스승이 제자에게, 부모가 자식에게 은혜의 베풂이 같으니 임금과 스승은 다른사람을 부모와 같은 심정으로 대해야 한다는 의미입니다.

『논어(論語)』 이인편(里仁篇)에 공자께서는 "어진이의 훌륭한 행실을 보고는 그와 같기를 생각하며, 어질지 못한 이의 나쁜 행실을 보고는 안으로 스스로 반성해야 한다."고 하였습니다. 사람마다 선함과 악함이 똑 같지는 않으니 이를 보고서 자신을 성찰하지 않는다면 다른 사람의 선한 것만 부러워하고 자신의 악함을 버리지 못하니 나날이 새로워짐이 없다고할 것입니다.

『논어(論語)』 안연편(顏淵篇)에 공자께서 "임금은 임금 노릇 하며, 신하는 신하 노릇 하며, 아버지는 아버지 노릇 하며, 자식은 자식 노릇 하는 것입니다."고 하였는데 사사제제(師師弟弟) 즉, '스승은 스승다워야 하고 제자는 제자다워야 한다'는 말입니다. 훌륭한 스승이란 단편적인 지식을 전달하는 도구가 아니라 스스로의 실천을 통하여 깨달음을 주는 것이며, 훌륭한 제자는 부단한 자기 성찰을 통하여 쪽풀에서 우러난 물감이 쪽빛보다 더 푸른 상태로 나가도록 노력해야 하는 것입니다.

5-3~4

일찍 일어나고 밤늦게 자서
책 읽기를 게을리하지 말라.
공부를 부지런히 힘쓰면
부모께서 기뻐하시느니라.

夙興夜寐하야　勿懶讀書하라.
숙흥야매하야　물라독서하라.
勤勉工夫하면　父母悅之시니라.
근면공부하면　부모열지시니라.

【관련】 논어(論語) 위령공편(衛靈公篇)·공야장편(公冶長篇)·계씨편(季氏篇), 격몽요결(擊蒙要訣) 서문

이 문장은 '학문의 중요성'에 대해 말하고 있습니다. 예전에는 학문이란 것이 단순히 입신출세를 목적으로 하기보다는 자신을 수양하기 위한 방편이었습니다. 하지만 오늘날에 와서는 학문의 목적이 출세를 위한 도구이고, 출세하여 자신만 잘 먹고 잘 살기 위한 것으로 되었으니, 학문하는 의미에 진정한 도를 잃은 것입니다.

『논어(論語)』 위령공편(衛靈公篇)에 공자께서 "군자는 도(道)를 도모하고 밥을 도모하지 않는다. 밭을 갊에 굶주림이 그 가운데에 있고, 학문을 함에 녹(祿)이 그 가운데 있는 것이니, 군자는 도(道)를 걱정하고 가난함을 걱정하지 않는다."고 하였습니다.

『논어(論語)』 계씨편(季氏篇)에 공자께서 "태어나면서 아는 자가 상등(上等)이요, 배워서 아는 자가 다음이요, 통하지 아니하여 배우는 자가 또 그

다음이니. 통하지 않는데도 배우지 않으면 백성으로서 하등(下等)이 된다."고 하여 소통을 위한 학문의 중요성을 강조하였습니다.

또한, 『논어(論語)』 공야장편(公冶長篇)에 공자께서는 "영민하면서도 배우기를 좋아하며 아랫사람에게 묻기를 부끄럽게 여기지 않는다."면 진정으로 학문하는 사람이라고 보았습니다. 지위고하를 막론하고 진정으로 배움을 원한다면 신분이나 체면에 상관없이 모르는 것을 물을 수 있는 용기가 진정한 배움이란 것입니다.

율곡 선생께도 격몽요결(擊蒙要訣) 서문에서 "사람이 이 세상에 태어나 학문이 아니면 올바른 사람이 될 수 없다"고 말씀하셨습니다.

예나 지금이나 학문의 근본은 효도와 공손함, 충성과 신의에 바탕을 두고 이것으로부터 차례로 세상의 이치를 탐구하는 것이었지, 학문의 목적이 입신출세하여 세상에 이름을 떨치는 것이 아니므로 집이 가난하더라도 배움을 그만두지 않았고, 부유하더라도 부유함을 믿고 배움을 게을리하지도 않았던 것입니다.

5-5~6

처음 문자를 익힐 때에는
글자의 획을 바르게 써라.
책이 어지러이 널려있으면
매번 반드시 정돈하라.

時習文字어든　　字畫楷正하라.
시 습 문 자 어든　　자 화 해 정 하라.
書冊狼藉어든　　每必整頓하라.
서 책 랑 자 어든　　매 필 정 돈 하라.

5-7~8

능히 효도하고 능히 공경하는 것이
스승의 은혜 아님이 없느니라.
능히 알고 능히 행하는 것이
다 스승의 공이니라.

能孝能悌가	**莫非師恩**이니라.
능 효 능 제 가	막 비 사 은 이니라.
能知能行이	**總是師功**이니라.
능 지 능 행 이	총 시 사 공 이니라.

【관련】 논어(論語) 술이편(述而篇)

이 문장은 배우는 사람의 '학문에 임하는 올바른 자세와 학습환경'에 대하여 말하고 있습니다. 처음 글을 배울 때 쓰기는 매우 중요합니다. 글자의 순서를 바르게 하지 않아 글씨 쓰기를 함부로 하여 습관이 잘못 형성된다면 쉽게 고칠 수가 없어서 평생 악필의 오명으로 살아갈 수가 있습니다. 학문하는 자세는 글씨 쓰기 외에도 여러 가지가 있습니다.

『논어(論語)』 술이편(述而篇)에 공자께서는 "깨달은 것을 묵묵히 마음에 새겨두고, 배움에 싫증을 내지 않으며, (다른 사람) 가르치기를 게을리 하지 않는다."고 하였습니다.

공자의 교육철학이며 공자 자체의 언행을 보여준 세 가지 방법을 밝힌 것으로 첫째, 묵이지지(默而識之)는 말없이 자기 자신을 반성하며 짧은 지식을 가지고 내세우는 것을 경계한 말입니다. 덕(德)을 쌓는 일 외에도 살아가면서 행해야할 모든 것이 여기에 해당합니다.

둘째, 학이불염(學而不厭)은 배움이 지치지 않으며, 꿈과 열정을 가지고 사는 것이 배움에 있는 사람의 진정한 모습이라고 말하고 있습니다. 자신을 다스리며 자신을 바르게 변화시켜 나가는 과정이 배움이니, 배움이란 평생에 걸쳐 실천해도 끝이 없는 것입니다. 공자는 "인간은 배움을 통해서 새로운 자신을 만드는 것이며, 배움을 그치는 순간 인간으로서의 모든 의미가 정지된다."고 하였습니다.

셋째, 회인불권(誨人不倦)은 타인을 가르치는 것에 대해 나태한 삶을 살고 있지 않는가?에 대한 성찰입니다.

우리는 스승을 통하여 부모님께 효행하고, 웃어른을 공경하는 방법을 배웠으며, 실천의 중요성에 대해서도 배웠습니다. 배움의 진리를 내면화하고 부지런히 공부하는 것이 여러분 자신을 지혜롭게 만드는 길이며, 즐거운 마음으로 남을 가르쳐 깨달음을 주는 것이 사랑의 구체적인 표현이라고 할 것입니다.

第6 敬長篇 (경장편)

어른을 공경하라

6-1~2

어른은 어린이를 사랑하고
어린이는 어른을 공경하라.
어른의 앞에서는
나아가고 물러가기를 반드시 공손히 하라.

長者慈幼하고 **幼者敬長**하라.
장 자 자 유 하고 유 자 경 장 하라.
長者之前엔 **進退必恭**하라.
장 자 지 전 엔 진 퇴 필 공 하라.

【관련】 소학집주(小學集註), 예기(禮記) 제의편(祭義篇)

이 문장은 상경하애(上敬下愛)로 '인륜(人倫)의 근본'에 대해 말하고 있습니다.

『예기(禮記)』 제의편(祭義篇)에 증자께서 "선왕(先王)께서 천하를 다스리는 근본이 되는 것이 다섯 가지가 있다. 덕이 있는 자를 귀하게 여기고(貴德), 본시 존귀한 자를 귀하게 여기고(貴貴), 오래 산 사람들을 귀하게 여기고(貴老), 손위의 사람들을 공경하고(敬長), 손아래 사람들을 자애롭게 대하는 것(慈幼), 이 다섯 가지였다. 이 다섯 가지야말로 선왕께서 천하를 안정되게 만드는 요체였다.

덕이 있는 자를 귀하게 여기는 것은 무엇 때문인가? 그것은 도에 가깝기 때문이다. 귀한 자를 귀하게 여기는 것은, 그것은 임금에 가깝기 때문이다. 늙은이를 귀하게 여기는 것은, 부모에 가깝기 때문이다. 어른을 공경하는 것은, 그가 자식에 가깝기 때문이다. 어린이를 사랑하는 것은, 그가 자식에 가깝기 때문이다. 그렇기 때문에 지극한 효도는 왕도에 가깝고, 지극한 우애는 패도(覇道)에 가깝다. 지극한 효도는 왕에 가깝다고 하는 것은, 비록 천자라고 할지라도 반드시 아버지가 있기 때문이다. 지극한 우애가 패도(覇道)에 가깝다는 것은 비록 제후라고 할지라도 반드시 형이 있기 때문이다. 선왕의 가르침은 이로 인하여 고치지 않았다. 이것은 천하와 국가를 거느리기 때문이다."라고 하였습니다.

선왕(先王)은 곧 옛 명군(明君)이라 불리던 사람들이 천하를 다스리는 데에는 다섯 가지를 도(道)로 하였으니, 덕이 있는 자, 존귀한 자, 늙은이를 귀하게 여기고, 어른을 공경하며, 어린이를 사랑하는 것이라고 하였습니다. 이러한 방법으로 천하를 능히 다스렸으며, 그 근본은 지극한 효도와 지극한 우애 즉, 효제(孝悌)에 있습니다.

'지효근호(至孝近乎) 왕지제근호패(王至弟近乎覇)'라고 한 것은, 효제(孝悌)가 모든 도(道)의 근본이므로 이것을 특히 강조한 것입니다. 그리고 효는 제(悌)보다 크므로 효(孝)를 왕도(王道)에 비유하고, 제(悌)를 패도(覇道)에 비유한 것입니다. 천자에게도 어버이가 있어서 어버이를 사랑하는 길은 효(孝)입니다. 천자가 지극한 효도를 하면 모든 백성들이 감화(感化)되어 기쁘게 복종하기 마련입니다. 그리고 제후에게도 형이 있게 마련이어서, 제후가 지극한 우애를 행하게 되면, 백성들이 이를 본받아 나라가 잘 다스려지고 다른 제후가 와서 따르기도 합니다. 그러므로 선왕의 다섯 가지 도(道)는 크나큰 가르침이요, 효제(孝悌)를 그 근본으로 하기 때문에 천하 국가를 잘 다스릴 수 있다는 것입니다.

6-3~4

나이가 많아 곱절이 되거든
아버지로 섬기고
열 살이 더 많으면
형으로 섬겨라.

年長以倍어든　**父以事之**하고
연장이배어든　부이사지하고
十年以長이어든　**兄以事之**하라.
십년이장이어든　형이사지하라.

【관련】 예기(禮記) 곡례편(曲禮篇)

이 문장은 사회생활의 '위계(位階)와 질서(秩序)'에 대해 말하고 있습니다. 엄밀히 말하자면 사회생활은 조직 생활이며, 모든 조직에는 반드시 위와 아래가 있습니다. 그 위계가 무너지면 조직이 무너지고, 위계를 유지하려면 질서가 있어야 하고, 질서가 있어야 즐겁게 더불어 살아갈 수 있는 것입니다. 가정도 예외가 아니며, 나를 낳으셨으면 부모이고, 내가 낳았다면 자녀가 됩니다. 그러므로 부모와 자녀는 세대차(世代次)의 위계인 것입니다.

약육강식(弱肉强食)이 사회의 정의라고 한다면 우리 사회는 노약자나 어린이, 돈과 권세가 없는 사람은 살아남지 못할 것입니다.

『예기(禮記)』 곡례편(曲禮篇)에 "나이가 자기보다 두 배가 많으면 아버지처럼 섬기고, 열 살이 많으면 형처럼 섬기고, 다섯 살이 많으면 어깨를 나란히 하여 걷되 조금 물러나 걷는다."고 하였습니다. 이 문장의 해설에 따르면 마을에서 20세 이상인 사람이 친척도 아니고 친구도 아닌 사람을 대하는 예를 말한 것으로, 20세에 관례를 행하면 성인으로서 아버지가 될 수 있는 단서가 되기 때문에 20세인 사람은 40세인 사람에게 자식의 도리가 있다는 것입니다. 이 예는 20세 미만인 아이에게는 해당되지 않으며, 관례를 행한 성인에게 요구되는 예인 것입니다.

6-5~6

내가 남의 어버이를 공경하면
남이 내 어버이를 공경하느니라.
내가 남의 형을 공경하면
남이 내 형을 공경하느니라.

我敬人親이면 **人敬我親**이니라.
아 경 인 친 이면 인 경 아 친 이니라.
我敬人兄이면 **人敬我兄**이니라.
아 경 인 형 이면 인 경 아 형 이니라.

【관련】 소학집주(小學集註), 논어(論語) 학이편(學而篇) · 위정편(爲政篇)

이 문장은 나이가 어린 사람과 나이 든 사람 사이에 서로 대하는 예절인 '공경'에 대해 말하고 있습니다.

『논어(論語)』 학이편(學而篇)에 유자께서 "그 사람됨이 효성스럽고 공경스러우면서 윗사람에게 대들기를 좋아하는 사람은 드물다. 윗사람에게 대들기를 좋아하지 않으면서 혼란을 일으키기를 좋아하는 사람은 있지 않다. 군자는 근본에 힘써야 하는 것이니, 근본이 확립되면 도가 생기는 것이다.

효도와 공경이라는 것은 그 인을 행하는 근본일 것이다."고 하였습니다. 부모를 섬기듯이 이웃의 어른을 공경하는 것이 이웃을 사랑하는 근본이 되는 것이며, 자기 자신을 사랑할 줄 아는 사람은 부모에게 효도하며, 형제에게 우애할 것입니다.

나보다 나이가 많은 사람을 내 부모처럼 공경하라 하는 것은, 나이가 많기 때문에 공경의 대상이 되는 것이 아니고, 그 사람이 삶에서 체득한 경험과 지식을 통해 내가 배울 점이 있기 때문에 그만큼 존중하고 섬기라는 의미입니다. 항상 남의 부모를 내 부모 모시듯이 한다면 다른 사람도 나의 부모에게 공경과 예의를 갖출 것입니다.

『논어(論語)』 위정편(爲政篇)에 공자께서는 "오늘날의 효도란 단지 부모를 먹여 살릴 수 있는 것을 말한다. 그러나 개와 말에 이르기까지도 모두 먹여 살리는 일이 있을 수 있으니 공경하지 않는다면 무엇으로 개나 말과 구별할 것인가?"라고 하였는데, 사람이기에 공경할 수 있고, 공경이라는 말을 입에 담을 수 있는 것이니, 우리가 어찌 공경을 행하지 않을 수 있겠습니까?

6-7~8

손님이 찾아오거든
접대하기를 반드시 정성스럽게 하라.
손님이 오지 않으면
문호가 적막해지니라.

賓客來訪이어든 **接待必誠**하라.
빈 객 래 방 이어든 접 대 필 성 하라.
賓客不來면 **門戶寂寞**이니라.
빈 객 불 래 면 문 호 적 막 이니라.

【관련】 소학집주(小學集註), 논어(論語) 이인편(里仁篇), 대학장구(大學章句)

이 문장은 손님을 맞이할 때 정성을 다하는 '인간관계의 중요성'에 대하여 말하고 있습니다.

『논어(論語)』 이인편(里仁篇)에 공자께서는 "덕이 있는 사람은 외롭지 않으며, 반드시 이웃이 있다."고 말하고 있습니다. 남에게 덕을 베풀며 사는 사람은 언젠가는 반드시 세상에서 인정을 받게 됨을 이르는 말입니다. 덕(德)이란? 인간의 마음이 어질고, 올바른 것으로써 선함을 행하는 능력이며, 도덕적으로 뛰어난 품성이라 할 것입니다.

현대사회는 접대 비즈니스가 생명일 만큼 개인과 기업에서 그 가치와 방법이 중요시되고 있는데, 특히 기업의 경우 자신의 회사를 홍보하고 매출과 연관되어 있기에 많은 시간과 돈을 들여 정성을 쏟고 있습니다. 하지만 접대문화가 이권에만 쏠려 자칫 그릇된 방향으로 간다면 부정과 청탁으로 이어지고 결국에는 개인과 회사에 크나큰 손해와 불명예를 끼칠 것입니다.

손님의 지위와 배경만을 보고 판단하여 소홀히 대하는 경우도 흔하기에 주인은 덕성(德性)을 갖추고 있어야 하며, 덕에 근본하여 대인관계를 실천해야 하는 것입니다.

세상은 혼자서 살아가는 것이 아닙니다. 반드시 이웃과 더불어 내가 함께하는 것이니 하찮은 사람일지라도 접대하기에 한치도 소홀함이 없어야 합니다.

『대학장구(大學章句)』에 증자께서 "부유함은 집을 윤택하게 하고, 덕은 몸을 윤택하게 하는 것이니, 덕이 있으면 마음이 넓어지고 몸이 펴져서 태연해진다. 그러므로 군자는 반드시 그 뜻을 성실히 하는 것이다."고 하였습니다. 덕성을 갖춘 사람은 향기롭기에 사람을 대함에 소홀하지 않으며 그 정성을 다합니다. 그러므로 주변에 그의 행실을 배우려고 따르는 사람들이 많은 것입니다.

第7 朋友篇 (붕우편)

친구의 사귐을 말하다

7-1~2

사람이 세상에 있으매
친구가 없을 수 없으니
글로써 벗을 모으고
벗으로써 인의 행실을 도와라.

人之在世에 　不可無友니
인지재세에 　불가무우니
以文會友하고 　以友輔仁하라.
이문회우하고 　이우보인하라.

【관련】 논어(論語) 안연편(顔淵篇), 양화편(陽貨篇)

이 문장은 '친구 사귐의 중요성'에 대하여 말하고 있습니다. 세상을 살아가는 삶 속에서 무수히 만나고 헤어지는 인연을 맞이하게 되는데, 그중 친구와의 만남은 일생을 통해 이익으로 다가올 수도 있고, 후회로 남을 수도 있습니다.

벗이라고 하여 모두가 서로에게 이익이 되는 것만도 아니고, 있으나마나 한 친구도 있고, 있어서는 안 되는 친구가 있으니, 사람을 사귀는 일이란 오랜 시간을 두고 지켜봐야 그 사람의 진심을 알게 되며 짧은 시간에 이익이 되는 친구를 가늠하여 사귀기란 무척 어려운 일입니다.

『논어(論語)』 안연편(顔淵篇)에서 증자는 "군자는 문(학문)으로써 벗을 모으고, 벗으로써 인(仁)을 돕는다."고 말하고 있습니다. 군자는 인격 향상에 힘쓰는 사람이며 벗을 만나는 방법이 다르니, 학문을 강(講)하여 벗을 만나면 도(道)가 더욱 밝아지고, 선(善)을 취하여 인(仁)을 도우면 덕(德)이 날로 진전됩니다.

『논어(論語)』 양화편(陽貨篇)에서 자장(子張)이 공자에게 인(仁)에 대해 묻자 공자께서는 "다섯 가지를 천하에 능히 행할 수 있으면 인이라 할 것이다." 하면서 "공손함(恭)과 너그러움(寬)과 믿음(信)과 민첩함(敏)과 은혜로움(惠)이다. 공손하면 남이 업신여기지 않고, 너그러우면 대중의 마음을 얻게 되고, 미더우면 신임을 얻게 되고, 민첩하면 공이 있게 되고, 은혜로우면 남을 부릴 수 있게 된다."고 하였습니다. 요약해서 말한다면 지고한 인간성으로 아름다움을 찾으려는 심미적 감수성입니다. 친구는 바로 그러한 인간적인 아름다움을 갖추도록 돕는 존재라는 것이며, 친구와 더불어 서로의 부족한 부분을 채워가면서 발전한다면 얼마나 아름다운 일일까요?

7-3~4

그 바른 사람을 벗하면
나 또한 저절로 바르게 되느니라.
간사한 사람을 따라서 놀면
나 또한 저절로 간사해지느니라.

友其正人이면　我亦自正이요.
우 기 정 인 이면　아 역 자 정 이요.
從遊邪人이면　我亦自邪니라.
종 유 사 인 이면　아 역 자 사 니라.

【관련】 논어(論語) 계씨편(季氏篇)

이 문장은 친구에게 받는 '인성의 영향력'에 대해 말하고 있습니다. 흔히 친구를 보면 그 사람을 알 수 있다고 말하는데, 그 사람의 됨됨이를 판단하는 기준은 친구를 통해 알 수 있기 때문에 생겨난 말입니다.

『논어(論語)』 계씨편(季氏篇)에서 공자께서는 "유익한 벗에 세 가지가 있고, 손해가 되는 벗에 세 가지가 있다. 곧고, 성실하며, 견문이 많은 이를 벗하면 유익하며, 아첨하는 사람, 겉과 속이 다르고, 말만 화려한 사람을 벗하면 손해 된다"고 하였습니다.

일생 동안 세 가지 이익(益者三)이 되는 친구를 만나기란 쉽지 않으며, 이런 벗을 만났다면 크나큰 행복이며, 축복이 아닐 수 없습니다. 하지만 중요한 것은 우리가 이런 이익이 되는 친구를 찾기보다는 이익되는 친구가 되어준다면 얼마나 좋을까요? 여러분은 친구에게 어떤 존재인가요?

종이에는 원래 비린내와 향내가 없었지만 생선을 싸고 향을 싼 인연으로 인하여 비린내와 향기가 나는 종이로 바뀌었습니다. 사람의 마음이란 원래 착하지도 선하지도 않은데 선한 벗과 간사한 벗을 만나 선(善)하게도 악(惡)하게도 쓰이게 되니 만남과 인연이란 참으로 중요한 일입니다.

7-5~6

쑥이 삼 가운데서 자라면
붙들어주지 않아도 저절로 곧아지고
흰 모래가 진흙에 있으면
물들이지 않아도 저절로 더러워지느니라.

蓬生麻中이면　不扶自直이고.
봉생마중이면　불부자직이고.
白沙在泥면　不染自汚니라.
백사재니면　불염자오니라.

7-7~8

먹을 가까이하는 자는 검어지고
주사(朱砂)를 가까이하는 자는 붉어지니
살 때에는 반드시 이웃을 가리고
나아갈 때에는 반드시 덕 있는 이에게 하라.

近墨者黑이요　近朱者赤이니
근묵자흑이요　근주자적이니
居必擇鄰하고　就必有德하라.
거필택린하고　취필유덕하라.

【관련】 소학집주(小學集註), 순자(荀子) 권학편(勸學篇).

이 문장은 '환경이 인간교육에 미치는 영향'에 대하여 비유하여 설명하고 있습니다.

『순자(荀子)』의 권학편(勸學篇)에는 "남쪽 지방에 몽구(蒙鳩)라는 새가 있다. 이 새는 깃털로 둥지를 만들고, 머리털로 그것을 엮어 갈대 잎에 매달아 놓는다. 바람이 불어와 갈대 잎이 부러지면 둥지 안의 알을 깨지고 새끼가 죽는다. 이러한 까닭은 둥지가 완전하지 않기 때문이 아니라, 매어 놓은 곳이 그렇기 때문이다. 서쪽 지방에 나무가 있으니, 이름은 사간(射干)이다. 줄기 길이는 네 치밖에 되지 않으나 높은 산꼭대기에서 자라 백 길의 깊은 연못을 내려다본다. 이는 나무줄기가 길어서가 아니라 서 있는 자리가 높기 때문에 그런 것이다. 쑥이 삼대밭에서 자라게 되면, 떠받쳐주지 않아도 곧게 자라며, 흰 모래가 개펄 속에 있으면 모두 검게 된다. 난괴(蘭槐)의 뿌리는 백지(白芷)라는 향초가 되는데, 이것을 사람의 오줌에 적셔두면 군자들은 가까이 하지 않으려 하며, 일반 사람들도 그것을 차려고 하지 않는다. 이는 백지의 본질이 좋지 않아서가 아니라 그것을 적셔둔 오줌 때문이다. 그러므로 군자는 거처함에 있어서 반드시 좋은 곳을 골라야 하며, 교제함에는 반드시 선비와 어울려야 한다. 이는 사악한 사람의 영향을 막고, 정도(正道)에 다가가기 위함이다."라고 하였습니다.

삼은 본래 곧게 크는 식물인데, 옆으로 자라는 쑥도 삼밭에 있으면 삼의 영향을 받아 곧게 자라며, 흰모래가 갯벌의 진흙 속에 있으면 굳이 물들이지 않아도 검어진다는 것입니다. 식물과 모래도 이러한데 부모가 자식에게 본보기를 보이면 자녀들도 인성을 제대로 갖춘 반듯한 인간으로 성장한다는 뜻입니다.

『소학집주(小學集註)』 계고편(稽考篇)에 "맹가(맹자)의 어머니의 집은 묘지 근방에 있었다. 맹자가 어렸을 때 놀이 하는 것이 뫼 쓰는 일을 흉내내어 뛰며, 쌓으며, 묻으며 했다. 맹자의 어머니가 말하기를 '여기는 아들을 살게 할 곳이 못된다.' 하고 그곳을 떠나서 시장에 집을 정했다. 이번에는 장사꾼의 물건 파는 놀이를 했다. 맹자의 어머니가 말하기를, '여기도 아들을 살게 할 곳이 못된다.' 하고, 다시 서당 곁으로 집을 옮겼다. 비로소 제기를 벌려 놓고 읍하고 사양하며, 나아가고 물러가는 놀이를 했다. 맹자의 어머니가 말하기를, '여기는 참으로 아들을 살게 할 만하다.' 하고 드디어 그 곳에서 살았다."고 합니다.

배움에 있는 군자는 거처함에 있어서 반드시 좋은 곳을 골라야 하며, 교제함에는 반드시 선비와 어울려야 합니다. 이는 사악한 사람의 영향을 막고, 바른 도(道)에 다가가기 위함이겠지요.

7-9~10

가려서 사귀면
도움과 유익함이 있고
가리지 않고 사귀면
도리어 해가 있느니라.

擇而交之면 有所補益하고
택이교지면 유소보익하고
不擇而交면 反有害矣니라.
불택이교면 반유해의니라.

7-11~12

친구가 잘못이 있거든
충고하여 선으로 인도하라.
사람이 꾸짖어주는 친구가 없으면
옳지 못한데 빠지기 쉬우니라.

朋友有過어든 忠告善導하라.
붕우유과어든 충고선도하라.

人無責友면　　易陷不義니라.
인무책우면　　이함불의니라.

【관련】 채근담(菜根譚)

이 문장은 친구의 역할 중 '충고의 중요성'에 대해 말하고 있습니다. 『채근담(菜根譚)』에 이르기를 "권세와 명리와 호화 사치를 가까이하지 않는 사람은 깨끗하다. 하지만 이를 가까이하면서도 물들지 않는 사람은 더욱 고결하다 할 것이다. 권모와 술수를 알지 못하는 사람은 고상하다. 하지만 이를 알면서도 쓰지 않는 사람은 더욱 고결하다 할 것이다."고 하였습니다. 또한 "모든 것은 본래 깨끗하고 정결하지만, 인연에 따라 죄와 복을 얻는다. 착한 사람을 가까이하면 스스로 착해지고, 어리석은 사람을 친구로 삼으면 재앙과 죄가 이른다. 마치 종이가 향을 가까이하여 향이 나고, 새끼줄이 생선을 묶어 비린내가 나는 것과 같다. 결국 사람은 가까이 있는 것에 조금씩 물들어가지만, 스스로 그렇게 되리라는 것을 모를 뿐이니라."고 하였습니다.

인간관계에 있어 세상 사람들을 네 부류로 나눈다면, 남에게 잘 물드는 사람, 남에게 물들지 않고 자신을 잘 지키는 사람, 남을 나쁘게 물들이는 사람, 남과 어울려 좋게 물들이는 사람으로 나눌 수 있을 것입니다. 이런 의미에서 '친구를 가려서 사귀라'는 말보다는 잘못하여 옳지 못한 곳에 빠지는 친구에게 충고하여 선(善)으로 물들이고, 나아가 세상을 아름답게 물들이는 친구는 더욱 아름다운 사람일 것입니다.

7-13~14

대면하여 나의 착한 것을 칭찬하면
아첨하는 사람이요.
대면하여 나의 잘못을 꾸짖으면
강직한 사람이니라.

面讚我善이면	**諂諛之人**이요.
면찬아선이면	첨유지인이요.
面責我過면	**剛直之人**이니라.
면책아과면	강직지인이니라.

【관련】 채근담(菜根譚), 명심보감(明心寶鑑) 정기편(正己篇)

이 문장의 '칭찬과 충고의 방법'에 대해 말하고 있습니다. 같은 칭찬과 충고라도 어떻게 하는가에 따라 아부와 아첨이 될 수 있고 비난이 될 수 있기 때문입니다.

『채근담(菜根譚)』에 "귀에 거슬리고 마음에 꺼리는 말이 나를 옥돌과 같이 만든다. 귓속에 항상 거슬리는 말을 넣고, 마음속에 항상 꺼리는 일을 지니면, 비로소 이것이 덕망을 닦아 빛나는 숯돌이 되리라. 만일 말마다 귀를 기쁘게 해주고, 일마다 마음을 즐겁게 한다면 그야말로 생명을 그대로 짐독(鴆毒)[15]에 빠뜨리는 소치이니라."라고 하였습니다.

칭찬은 뒤에서 하고, 충고는 앞에서 하라는 말이 있습니다. 칭찬을 앞에

15 짐은 중국 남방 광둥(廣東)성에 산다는 전설상의 독조(毒鳥)다. 몸길이 21~25㎝, 몸은 붉은빛을 띤 흑색, 부리는 검은 빛을 띤 붉은 색, 눈은 검은색이다. 뱀을 잡아먹는데 온몸에 독기가 있어 배설물이나 깃이 잠긴 물을 마시면 즉사한다고 한다. 짐독은 후한서(後漢書) 확서전(霍諝傳)에 처음 보인다.

서 하면 아부가 되고, 충고를 뒤에서 하면 험담이 될 것이기 때문입니다. 귀에 들어오는 칭찬의 말은 사탕처럼 달콤하기에 잠시 듣기에는 나를 즐겁게 하지만 결국에 나를 해치는 말이 됩니다. 또한, 귀에 들려오는 충고의 말은 귀에 가시처럼 박혀서 듣기에는 불편한 말이겠지만 나에게 유익한 말이 될 것입니다. 그래서 사람들은 듣기에 좋은 말을 건네며 충고하기를 꺼려하니 이것을 아부와 아첨이라 이르고, 충고의 말을 해주는 사람은 나의 싫은 기색을 무릅쓰고 용기를 내어 충고하기를 두려워하지 않으니 이것을 진실이라고 이르는 것입니다. 겉만 그럴싸하게 화려함으로 포장한 말은 나에게 독(毒)이 되기 쉽고, 비록 겉은 초라하고 볼품 없지만 의미 있는 쓰디 쓴 충고 한마디는 나에게 약(藥)이 됩니다. 독과 약을 구분하지 못하는 사람은 발전이 없습니다. 또한, 남이 자기에게 해주는 칭찬만을 좋아하며, 남의 충고를 싫어하는 사람 또한 발전이 없습니다.

『명심보감(明心寶鑑)』 정기편(正己篇)에 "나를 착하다고만 말하여 주는 사람은 곧 나를 해치는 도적이요, 나의 잘못을 꾸짖어 주는 사람은 나의 스승이다."라는 말은 가슴에 새겨볼 만한 가치가 있습니다.

7-15~16

말함에 성실하지 못하면
정직한 벗이 아니니라.
착한 것을 보면 따르고
잘못을 알면 반드시 고쳐라.

言而不信이면　　非直之友니라.
언 이 불 신 이면　　비 직 지 우 니라.

見善從之하고　　知過必改하라.
견선종지하고　　지과필개하라.

【관련】 논어(論語) 학이편(學而篇) · 사기(史記)

이 문장은 친구관계에서 '성실한 말과 선행의 중요성'에 대해 말하고 있습니다.

『논어(論語)』 학이편(學而篇)에서 공자께서는 "배우고 때때로 익히면 이 또한 기쁜 일이 아니겠느냐? 벗이 멀리서 찾아온다면 이 어찌 즐거운 일이 아니겠느냐? 비록 사람들이 나의 학문과 능력을 알아주지 않아도 결코 서운해 하지 않으면 이 또한 군자라 하지 않겠느냐?"라고 하여 군자에게 있어 세 가지 즐거움(君子三樂)을 말하고 있습니다. 청소년기는 물론이고 나이가 들어서도 친구라는 존재는 평생 동안 소중함 그 자체일 것입니다. 하지만 친구라고 해서 모두 친구가 되는 것은 아닙니다.

『사기(史記)』에는 춘추시대 관중(管仲)과 포숙아(鮑叔牙)의 우정에 관한 이야기가 나옵니다. 관중과 포숙아처럼 좋은 친구 사이의 우정을 일컬어 '관포지교(管鮑之交)'라고 부릅니다. 그러나 관중과 포숙아는 좋은 친구 사이만은 아니고, 치열한 경쟁관계이기도 하였습니다. 관중은 삼국지의 주인공 제갈공명도 흠모하는 중국 최고의 정치인인데, 제(齊)나라의 재상으로 40년간 정치를 하면서 제나라를 최고의 강대국으로 만든 성공한 정치인이었습니다. 하지만 그 뒤에는 포숙아의 도움이 커서 관중이 포숙아의 우정에 대해서 말하기를 "내가 예전에 곤궁할 때 포숙과 함께 장사를 한 적이 있었는데, 이익을 나눌 때 내가 더 많이 차지하곤 했다. 그럼에도 포숙이 나를 탐욕스럽다고 여기지 않은 것은 내가 가난한 것을 알고 있었기 때문입니다.

예전에 내가 포숙을 대신해서 어떤 일을 벌이다가 실패해 그를 더욱 곤궁하게 만들었지만 포숙이 나를 어리석다고 여기지 않은 것은 시운이 좋을 때와 나쁠 때가 있음을 알았기 때문이다. 또 내가 일찍이 세 번이나 벼슬길에 나섰다가 세 번 모두 군주에게 쫓겨나고 말았으나, 포숙이 나를 못났다고 여기지 않은 것은 내가 아직 때를 만나지 못한 것을 알고 있었기 때문이다. 그리고 내가 세 번 싸움에 나가 세 번 모두 도망쳤을 때에도 포숙이 나를 겁쟁이라고 여기지 않은 것은 나에게 노모가 있음을 알았기 때문이다. 공자 규가 왕위를 놓고 다투다가 패하자, 소홀(召忽)은 죽고 나는 붙잡혀 굴욕을 당했을 때에도 포숙이 나를 수치도 모르는 사람이라고 여기지 않은 것은 내가 사소한 일에는 수치를 느끼지 않았으나 천하에 공명을 날리지 못한 것을 부끄럽게 여기고 있음을 알았기 때문이다."라고 말합니다.

관중이 젊은 시절 많은 실패를 겪었음에도 불구하고 좌절하지 않고 성공할 수 있었던 것은, 자신을 이해해 주고 자기의 재능을 인정해 주는 포숙아가 있었기 때문입니다. 그래서 관중은 "나를 낳아준 사람은 부모지만, 나를 알아준 사람은 포숙아였다"라고 말했다고 합니다.

이해관계를 떠나 친구에게 배려하고 자기 몫을 기꺼이 양보하며, 용기를 주었던 포숙아처럼 여러분을 이해해 주는 친구가 한 명만 있어도 이 세상은 외롭지 않을 것이며, 성공한 삶을 살았다고 할 것입니다.

7-17~18

남의 칭찬을 좋아하는 자는
온갖 일이 다 거짓이며
남의 꾸짖음을 싫어하는 자는
그 행실이 진전이 없느니라.

悅人讚者는	**百事皆僞**며
열 인 찬 자 는	백 사 개 위 며
厭人責者는	**其行無進**이니라.
염 인 책 자 는	기 행 무 진 이니라.

【관련】 소학집주(小學集註), 채근담(菜根譚)

이 문장은 '칭찬 받기만를 좋아하고 타인의 조언을 싫어하는 것'에 대해 경계할 것을 강조한 말입니다.

『채근담(菜根譚)』에 "소인에게 미움과 욕을 들을지라도 소인으로부터 아첨과 칭찬을 받는 일이 없도록 하여라. 군자로부터 꾸짖음과 깨우침을 받을지라도 군자로부터 포용 받는 일이 없도록 하여라."라고 말하고 있습니다.

모든 사람을 칭찬해서 기쁘게 할 수는 없습니다. 모든 사람을 기쁘게 하려고 살아가는 사람은 자기의 길을 가지 못하는 사람일 것입니다.

옳은 길을 가려면 때로는 큰 뜻을 이해하지 못한 소인배들에게 미움과 원망을 듣게 되고, 또한, 자신의 권세와 지위 때문에 소인배들은 옳고 그름의 판단보다는 아첨과 칭찬으로 일관하게 됩니다.

타인을 의식하여 선을 행하고 칭찬받을 일만을 찾게 된다면 그 일은 위선이며, 거짓이 된다는 것입니다. 칭찬은 때론 사람에게 용기와 격려가 되겠지만 때로는 자만과 교만을 낳게 되니 상황과 상대에 맞는 칭찬이 이루어져야 합니다.

꾸짖음은 나를 발전시키고 나를 성찰하게 만드는 보약입니다. 하지만 대부분의 사람들은 꾸짖음을 자신을 향한 미움과 비난으로 오해하기도 하여 싫어합니다. 타인의 고칠 점을 너무 엄하게 꾸짖으면 질책과 책망이 되니 너무 엄하게 꾸짖기보다는 받아들일 수 있는 적절한 상황을 고려하여 꾸짖어야 합니다. 다른 사람에게 행하기 어려운 힘든 선행을 강요하기보다는 행할 만한 일을 권하는 지혜가 필요하겠지요.

第8 修身篇 (수신편)

마음과 몸을 다스리다

8-1~2

원 · 형 · 이 · 정은
천도의 떳떳함이요.
인 · 의 · 예 · 지는
인성의 벼리[16]이니라.

元亨利貞은	天道之常이요.
원형리정은	천도지상이요.
仁義禮智는	人性之綱이니라.
인의예지는	인성지강이니라.

【관련】 주역(周易) 건괘(乾卦), 맹자(孟子) 고자장구(告子章句) · 진심장구(盡心章句)

원형이정(元亨利貞)이라는 말은 천도(天道)의 네 가지 덕으로 『주역(周易)』 건괘(乾卦)를 설명하는 말인데, 주역에서 건괘는 하늘 또는 하늘의 작용을 의미하는 괘(卦)입니다. 만물은 땅의 작용을 바탕으로 삶을 영위하고 땅은 하늘의 작용을 바탕으로 삶을 영위하기 때문에 하늘의 작용은 궁극적으로 만물의 삶의 근원으로 원형이정(元亨利貞)이라고 말한 것입니다.

원(元)은 봄과 새벽과 인(仁)에 해당되고, 형(亨)은 여름과 낮과 예(禮)에

16 그물의 위쪽에 코를 꿰어 잡아당길 수 있게 한 줄로 일이나 글에서 뼈대가 되는 줄기이다.

해당하는 것이며, 이(利)는 가을과 저녁과 의(義)에 해당하고. 정(貞)은 겨울과 밤과 지(智)에 해당하는 것입니다.

이러한 하늘의 작용은 조금도 그 순서가 뒤바뀌거나 어그러지지 않고 자연의 법칙에 따라 항상 일정하게 운행되고 있는데, 만약 순서가 뒤바뀐다든가 어긋나게 된다면 우주 전체의 질서는 깨어지게 되는 것이므로 원형이정(元亨利貞)을 천도의 떳떳함 또는 항상된 모습이라고 하는 것입니다.

맹자는 사람은 누구나 자기 잘못을 부끄러워하고, 남의 잘못을 미워하며, 사양하고 옳고 그름을 가리는 마음을 갖고 있어서 '측은하게 여기는 마음은 사람의 마음을 인(仁), 자기의 잘못을 부끄러워하고 남의 잘못을 미워하는 것은 의(義), 사양하는 마음은 예(禮), 옳고 그름을 가리는 마음은 지(智)'라 하여 이러한 사람의 착한 본성(性善說)을 네 가지 실마리, 사단(四端)이라고 하였는데, 인의예지라고 하는 이 네 가지 단서를 통해 사람은 누구나 태어날 때부터 착한 본성을 지니고 태어나며, 사람이 나쁜 짓을 하는 것은 사람의 본래 모습이 아니며 외부적인 요인에 있다고 보았습니다.

8-3~4

부자간에는 친함이 있으며
군신간에는 의로움이 있으며
부부간에는 분별이 있으며
장유간에는 차례가 있으며
붕우간에는 신의가 있으니
이것을 오륜이라고 이르느니라.

父子有親하며　**君臣有義**하며
부 자 유 친 하며　군 신 유 의 하며

夫婦有別하며　長幼有序하며
부부유별하며　장유유서하며
朋友有信이니　是謂五倫이니라.
붕우유신이니　시위오륜이니라.

8-5~6

임금은 신하의 벼리가 되고
아버지는 자식의 벼리가 되고
남편은 아내가 벼리가 되니
이것을 삼강이라고 이르느니라.
사람이 귀한 이유는
그 오륜과 삼강 때문이니라.

君爲臣綱이고　父爲子綱이고
군위신강이고　부위자강이고
夫爲婦綱이니　是謂三綱이니라.
부위부강이니　시위삼강이니라.
人所以貴는　以其倫綱이니라.
인소이귀는　이기윤강이니라.

【관련】 맹자(孟子) 등문공상(滕文公上), 예위함문가(禮緯含文嘉)

이 문장은 유학의 핵심인 '삼강과 오륜'에 대하여 설명하고 있습니다.

삼강(三綱)은 유학의 기본이 되는 세 가지 도리로서 임금과 신하, 어버이와 자식, 남편과 아내 사이에 마땅히 지켜야할 것을 말합니다.

중국 춘추전국시대 『맹자(孟子)』로부터 오륜(五倫)이 먼저 나타났는데, 선진(先秦)시대에는 장자(長子: 맏아들) 우선의 '종법제(宗法制)'가 느슨하게 사회를 규율하고, 씨족의 민주적 유대와 따뜻한 혈족의 인정이 남아 있던 상황에서 형성되었습니다. 후대인 한나라의 유학자 동중서(董仲舒)가 삼강(三剛)을 주장하는데, 종법제가 사회를 전제적(專制的)으로 규율하고 지배계급의 권력을 강화시켜주던 한(漢)제국 시대에 형성되었다고 합니다.

차이점은 오륜은 사람이 관계 유지를 함에 있어 쌍방 책임이라는 부담을 지고 노력하는데 비해 삼강은 사람의 관계를 지배와 복종이라는 일방적인 권위주의의 틀로 규정하고 있다는 것입니다.

삼강과 오륜은 2,000여 년이 넘는 동안 동아시아 사회를 지배해 온 윤리와 규범으로 유교에서 기본이 되는 도덕지침이라고 할 수 있습니다. 공자의 가르침을 따르는 정통 유교의 근본을 오륜이라 하고, 그 후에 정치적 목적으로 만들어진 것이 삼강인데, 엄밀히 구분한다면 군위신강(君爲臣綱)과 군신유의(君臣有義), 부위부강(夫爲婦綱)과 부부유별(夫婦有別)의 근본 의미는 서로 다릅니다.

삼강에서의 '벼리(綱)'는 규제하여 총괄하는 사람이라는 의미로, 임금은 신하, 아버지는 자식, 지아비는 지어미의 본보기가 되어야 한다는 것이나, 삼강으로 인해 유교가 권위적이고 가부장적인 사회를 만든다고 하여 다음과 같이 의미가 바뀌었습니다.

> 군위신강(君爲臣綱) : 신하는 임금을 섬기는 것이 근본이다.
> 부위자강(父爲子綱) : 자식은 부모를 섬기는 것이 근본이다.
> 부위부강(夫爲婦綱) : 아내는 남편을 섬기는 것이 근본이다.

오륜(五倫)은 오상(五常)이라고 하는데, 이것이 바로 사람으로서 반드시 지켜야할 다섯 가지 도리인 것입니다. 친(親)은 단순히 친밀함을 의미하는 것이 아니라 사랑(仁)을 의미하는 것이며, 별(別)은 단순히 남녀차별이나 남존여비의 의미가 아니라 '남편은 남편의 역할을 지키고, 아내는 아내의 역할을 지켜야 한다는 의미이며, 남편은 남편으로서의 특성을 잃지 말고, 아내는 아내로서의 특성을 잃지 말라.' 는 서로를 존중한다는 예(禮)의 정신을 담고 있습니다. 삼강오륜의 친(親), 의(義), 별(別), 서(序), 신(信)은 인의예지신(仁, 義, 禮, 智, 信)이라는 유교의 다섯 가지 기본적인 덕목을 반영하고 있는 것입니다.

8-7~8

발 모양은 반드시 무겁게 하며
손 모양은 반드시 공손하게 하며
눈 모양은 반드시 단정하게 하며
입 모양은 반드시 그치며

足容必重하며 手容必恭하며
족 용 필 중 하며 수 용 필 공 하며
目容必端하며 口容必止하며
목 용 필 단 하며 구 용 필 지 하며

소리 모양은 반드시 조용하게 하며
머리 모양은 반드시 곧게 하며
숨 쉬는 모양은 반드시 엄숙하게 하며
서 있는 모양은 반드시 덕스럽게 하며

얼굴 모양은 반드시 씩씩하게 할 것이니
이것을 구용이라 하느니라.

聲容必靜하며　**頭容必直**하며
성 용 필 정 하 며　두 용 필 직 하 며
氣容必肅하며　**立容必德**하며
기 용 필 숙 하 며　입 용 필 덕 하 며
色容必莊이니　**是曰九容**이니라.
색 용 필 장 이 니　시 왈 구 용 이니라.

8-9~10

볼 때에는 반드시 밝게 볼 것을 생각하며
들을 때에는 반드시 귀를 밝게 들을 것을 생각하며
얼굴빛은 반드시 온화할 것을 생각하며
용모는 반드시 공손할 것을 생각하며

視必思明하며　**聽必思聰**하며
색 필 사 온 하 며　모 필 사 공 하 며
色必思溫하며　**貌必思恭**하며
시 필 사 명 하 며　청 필 사 총 하 며

말은 반드시 성실하게 할 것을 생각하며
일은 반드시 공경할 것을 생각하며
의심날 적에는 반드시 물을 것을 생각하며

분이 날 적에는 환난을 생각하며
이와 같은 것을 보면 의를 생각해야 하니
이것을 구사라 하느니라.

言必思忠하며	**事必思敬**하며
언필사충하며	사필사경하며
疑必思問하며	**忿必思難**하며
의필사문하며	분필사난하며
見得思義니	**是曰九思**니라.
견득사의니	시왈구사니라.

【관련】 예기(禮記) 애문공편(哀門公篇), 격몽요결(擊蒙要訣) 지신장(持身章), 논어(論語) 계씨편(季氏篇) · 안연편(顔淵篇)

이 문장은 군자(君子)가 심신(身心)을 수양하는 '아홉 가지 몸가짐(구용, 九容)'에 대하여 말하고 있습니다.

『예기(禮記)』 애문공편(哀門公篇)에 "군자는 신중히 하지 않는 것이 없지만 몸을 신중히 하는 것이 가장 큰 것이라. 몸이라는 것은 부모님의 가지이니 감히 신중히 하지 않을 수 있겠는가? 자신의 몸을 신중히 하지 못한다면 이는 부모님을 해치는 것이고, 부모님을 해치면 이는 뿌리를 해치는 것이다. 뿌리를 해치면 가지는 죽게 된다."라고 하였습니다.

인물의 겉모습과 내면을 평가하기란 쉽지 않아서 예전에는 훌륭한 인재를 선발하고, 관리를 임명하는데 중요한 척도로 신언서판(身言書判)을 기준으로 하였습니다. 신(身)은 신체에서 풍기는 진정한 의미의 풍모와 자세를 말하며, 언(言)은 말을 함에 있어서 이치에 맞고 자신을 올바로 표현할 수 있어야 하며, 서(書)는 글씨로 자신의 인격을 나타내는 거울과도 같은 것이며. 판(判)은 사물의 옳고 그름을 판단하는 능력입니다.

율곡(栗谷) 이이(李珥)가 1577년에 배움을 시작하는 사람들을 가르치기 위하여 편찬한 『격몽요결(擊蒙要訣)』 지신장(持身章)에도 나오는 말인데, 예의 바른 행동의 기준이 되는 몸가짐으로 '아홉 가지 몸가짐(구용, 九容)' 만한 것이 없으며, 배움으로 나아가고 지혜를 더하는 데에는 '아홉 가지 마음가짐(구사, 九思)만큼 중요한 것이 없다.' 고 하였습니다. 그중에서 '신언서판' 의 신(身)을 위한 지침서가 구용(九容)인 것입니다.

8-11~12

예가 아니면 보지 말며
예가 아니면 듣지 말며
예가 아니면 말하지 말며
예가 아니면 움직이지 말라.

非禮勿視하며　**非禮勿聽**하며
비 례 물 시 하며　비 례 물 청 하며
非禮勿言하며　**非禮勿動**이니라.
비 례 물 언 하며　비 례 물 동 이니라.

【관련】 소학집주(小學集註), 논어(論語) 학이편(學而篇) · 안연편(顔淵篇)

이 문장은 '예(禮)란 무엇이며 어떻게 행해야할 것인가?' 에 대해 말하고 있습니다.

『논어(論語)』 학이편(學而篇)에서 유자(有子)는 "예(禮)의 쓰임이 화(和)가 귀함이 되니 선왕의 도는 이것을 아름답게 여겼다. 그리하여 작은 일과 큰 일에 모두 이것을 따른 것이다. 행하지 못할 것이 있으니, 화(和)를 알아서 화(和)만 하고, 예(禮)로써 절재하지 않으면 또한 행할 수 없는 것이다."고 하였습니다. 유자는 예를 상호 간의 화합이 가장 귀함이 된다고 보았는데, 그러므로 크고 작은 일을 예에 맞아야 한다는 것입니다. 그러나 화합이 목적인 것이 예라고 하지만 화합만을 위해 근간이 되는 예를 외면하고 화합만을 위할 수 없다는 것입니다.

朱子(주자)는 "예라는 것은 천리의 절문(節文: 사리에 따라 정한 조리)이며, 사람의 일에 의칙(儀則: 사람이 마땅히 지켜야할 규칙이나 규범)이다."라고 하였습니다.

사람이 사는 사회가 아무리 변해도 예나 지금이나 변함없이 높고 낮음이 존재합니다. 높고 낮음이 있음에도 예를 지키지 않는다면 서로가 화합할 수가 없는 것이므로 예란 나와 다른 사람의 관계성에서 마땅함으로 하는 것을 예라 할 수 있습니다.

『논어(論語)』 안연편(顔淵篇)에서 공자께서는 안연에게 극기복례(克己復禮)를 말하면서 "예가 아니면 보지 말며, 예가 아니면 듣지 말며, 예가 아니면 말하지 말며, 예가 아니면 움직이지도 말라."고 하였습니다.

사리사욕에 대한 욕심을 버리고 공공의 이익을 위한 사회적 질서인 예를 회복시키는 것으로 시·청·언·동(視·聽·言·動)은 몸의 쓰임입니다. 인간은 나약한 존재이기에 보고, 듣고, 말하고, 움직이는 감각적인 것에 쉽게 동요되어 물들기 쉽고, 더럽고 추악한 것을 자주 대하다 보면 습성이 그것을 닮아서 무의식 중에 그것이 쌓여 행동으로 나타나게 되니, 늘 좋은 것을 보고, 듣고, 말하고, 행동한다면 마음과 습성이 그것을 닮아 좋은 곳으로 자리하게 될 것입니다.

8-13~14

행실은 반드시 바르고 곧게 하고
말은 미덥고 성실하게 하며
용모는 단정하게 하고
의관을 정돈되고 가지런하게 하라.

行必正直하고　言則信實하며
행 필 정 직 하고　언 칙 신 실 하며
容貌端正하고　衣冠整齊하라.
용 모 단 정 하고　의 관 정 제 하라.

【관련】 소학집주(小學集註), 논어(論語) 자로편(子路篇)

이 문장은 '언행과 외모를 바르게 할 것'에 대해 말하고 있습니다. 『논어(論語)』 자로편(子路篇)에서 번지(樊遲)가 공자에게 인(仁)에 대하여 묻자 공자께서는 "평상시(平常時)의 행동거지(行動擧止)에 공손(恭遜)하며, 일에 종사(從事)함에 정중(鄭重)하며, 남과 함께함에 정성(精誠)을 다함을 비록 오랑캐 나라에 가는 경우라도 버림은 옳지 않으니라."고 하였습니다.

인(仁)이란 사람으로서 지향해야할 궁극적이 가치이며, 행함의 과정과 목표, 원인과 결과, 이론과 실행이 함께 이루어져야 하는 아는 것과 행하는 것의 가치라고 말할 수 있습니다. 그래서 자신과 타인을 속이지 않는 행동과 믿음성 있는 말을 통해 언행일치의 중요성을 강조한 것입니다.

빠른 것과 간편한 것을 좋아하는 요즘의 인스턴트 세대들은 자유롭고 편한 것을 좋아하여 용모와 의관 이야기를 하면 구속받는 것 같아 싫어할 이야기이지만, 우리의 옛 전통은 격식을 갖추어 용모를 단정히 하고 두루

마기나 도포에 갓을 쓰는 등 의관을 바르게 하는 것은 예의이며, 생활 그 자체였습니다. 하지만 공적인 자리와 목적에 따른 용모와 옷차림을 갖추는 것은 시대가 변하더라도 양식(良識)을 갖춘 사람의 자세라고 할 수 있습니다.

8-15~16

거처를 반드시 공손히 하고
걸음걸이를 편안하고 조용히 하라.
일을 할 때에는 시작을 도모하고
말을 낼 때에는 행실을 돌아보라.

居處必恭하고　步履安詳하라.
거 처 필 공 하고　보 리 안 상 하라.
作事謀始하고　出言顧行하라.
작 사 모 시 하고　출 언 고 행 하라.

【관련】 소학집주(小學集註), 격몽요결(擊蒙要訣) 지신장(持身章), 명심보감(明心報鑑) 입교편(立敎篇), 논어(論語) 이인편(里仁篇)

이 문장은 '머무르는 곳과 행동 그리고 일할 때의 마음 자세와 언행'에 대해 말하고 있습니다.

'거처(居處)'는 머무르는 집으로 앞장의 『격몽요결(擊蒙要訣)』 지신장(持身章)에 나오는 예의 바른 행동의 기준이 되는 몸가짐으로 '아홉 가지 몸가짐(구용, 九容)'에 대하여 언급했거니와 아홉가지 생각(九思)을 갖춘 사람은 어느 곳에 가든지 바른 몸가짐이 나올 수 밖에 없습니다. 요즘에는 아파트 등 공동 주택에서 생활하는 사람이 많기에 위층과 아래층에 사는 사람들끼리의 소음 문제로 인한 갈등과 민원이 많이 발생하고 있는데, 이는 자기중심적인 사고에 머물러 타인에 대한 이해와 배려가 부족한 탓이라고 할 수 있습니다.

『명심보감(明心報鑑)』 입교편(立敎篇)에서 공자(孔子)가 삼계도(三計圖)에 이르기를, "일생(一生)의 계획(計劃)은 어릴 때에 있고, 일 년의 계획(計劃)은 봄에 있고 하루의 계획(計劃)은 새벽에 있다. 어려서 배우지 않으면 늙어서 아는 것이 없고 봄에 밭 갈지 않으면 가을에 바랄 것이 없으며, 새벽에 일어나지 않으면 그날의 할 일이 없다."고 하였습니다.

어떤 일이든 시작에서는 계획이라는 것이 있는데, 이는 일이 되어가는 과정을 수월하게 하고, 일의 끝맺음을 좋게 하기 위함입니다. 그러므로 평생의 계획(計劃)은 어릴 때 하고, 한 해의 계획은 봄에 세우며, 하루의 계획은 아침 새벽에 세운다고 하였습니다.

젊어서 배우지 않으면 늙어서 후회(後悔)하게 된다는 진리를 담고 있는 말로 계획의 중요성에 대해 말하는 것입니다.

『논어(論語)』 이인편(里仁篇)에 공자께서는 "자기를 단속하고도 잘못을 범하는 사람은 드물다."라고 하였습니다. 말과 행동을 삼가고, 몸가짐을 성찰한다면 그만큼 실수가 적을 것이라는 말입니다. 말과 행동이 일치하지 않는 사람들을 자주 보게 되는 것도 그 사람의 마음에 공손(恭遜)과 정중(鄭重) 그리고 정성(精誠)의 세 가지가 결여(缺如)되어 가식(假飾)적인 사람이 되면 그 사람이 하고자 하는 일이 제대로 이루어지지 않는다는 것을 경계한 말입니다.

8-17~18

떳떳한 덕을 굳게 지키고
승낙할 때엔 신중히 응하라.
음식을 삼가고 절제하고
언어를 공손히 하라.

常德固持하고	然諾重應하라.
상덕고지하고	연락중응하라.
飮食愼節하고	言語恭遜하라.
음식신절하고	언어공손하라.

【관련】 소학집주(小學集註), 논어(論語) 헌문편(憲問篇) · 위령공편(衛靈公篇), 심서(心書) 근후편(謹候篇)

이 문장은 '떳떳한 덕을 굳게 지키고, 승낙을 할 때에는 신중히 대답하라.'는 것을 강조하는 말입니다.

『논어(論語)』 헌문편(憲問篇)에 공자께서 "덕이 있는 사람은 반드시 말이 있지만 말솜씨가 있는 사람이 반드시 덕이 있지는 않다. 어진 사람이 반드시 용기가 있지만 용기가 있는 사람이 반드시 어질지는 않다."고 하였습니다. 덕을 굳게 지키기 위해서는 무엇보다 약속에 대한 믿음성이 중요한데, 너무 쉽게 약속하고, 너무 쉽게 승낙하여 이를 지키지 않는다면 사람들은 그를 믿지 않을 것입니다.

『심서(心書)』 근후편(謹候篇)에 "여덟 번째는 신뢰를 말하니 승낙하고 약속한 것을 중히 여김이다."라고 하여 대인관계에서 신뢰성을 강조하고 있습니다. 또한 인간에게 있어 음식은 생존을 위해 필수적인 요소인데 현대인은 풍요로운 식생활로 인해 각종 질병에 시달리고 있습니다. 음식을 대할 때에는 늘 감사한 마음으로 먹되 절제된 음식 섭취가 필요하며 많은 양의 식사보다는 함께 즐기고 음미하며 나누는 식사가 되어야 할 것입니다.

『논어(論語)』 위령공편(衛靈公篇)에 공자께서 "군자는 의로움을 품행의 바탕으로 삼고 예법에 맞게 행동하고, 그 언어를 공손으로 표현하고 믿음직하게 그 말을 실행해야 한다. 그래야 군자라고 할 수 있다."고 하였습니다.

8-19~20

덕업으로 서로 권하고
과실을 서로 타이르며
예의의 풍속으로 서로 사귀고
환난을 서로 구휼하라.

德業相勸하고　　**過失相規**하며
덕 업 상 권 하고　　과 실 상 규 하며
禮俗相交하고　　**患難相恤**하라.
예 속 상 교 하고　　환 난 상 휼 하라.

8-21~22

빈궁과 재앙이 있을 때에는
친척들이 서로 구원하며
혼인과 초상에는
이웃끼리 서로 도와라.

貧窮困厄에　　親戚相救하며
빈궁곤액에　　친척상구하며
婚姻死喪에　　鄰保相助하라.
혼인사상에　　린보상조하라.

【관련】 소학집주(小學集註), 무경칠서(武經七書) 『삼략(三略), 송사(宋史) 여대방열전(呂大防列傳)

이 문장은 '좋은 것을 권하고 어려움을 만나 근심되고 어려울 때 이웃끼리 서로 돕는다는 뜻으로 아픔을 함께 나누는 미풍양속' 을 말한 것입니다. 환난은 "첫째, 수재와 화재요, 둘째, 도적이요, 셋째, 질병이요, 넷째, 사망이요, 다섯째, 외롭고 약함이요, 여섯째, 모함으로 억울하게 당함이요, 일곱째는 가난이다."고 하였습니다.

예로부터 우리 민족은 이웃이 이러한 어려움에 처했을 때 서로 돕는 아름다운 풍속과 이웃사촌이라는 말이 있었습니다. 평소에는 이웃끼리 사소한 이해관계에 얽혀서 갈등과 대립을 하다가도 막상 한 쪽이 어려움을 당하면 발 벗고 나서서 이웃의 고통과 어려움을 함께 나누며 돕는 것이 인정(人情)이었습니다. 그래서 이웃은 나의 든든한 버팀목이자 구원자였던 것으로 세상이 나 혼자가 아닌 더불어 함께하는 세상임을 깨닫게 해주었습니다.

중국 남송 때 장안(長安) 남쪽 남전(藍田)에 살던 여대림(呂大臨) 의 사형제가 자기 고을에서 실시했던 지방민들의 도덕적 규약으로 이를 여씨향약(呂氏鄉約)이라고 하는데, 여씨향약은 고을의 풍습을 크게 바꾸었으며, 이에 고무된 주자(朱子)는 더욱 이를 발전시켜 『주자대전(朱子大全)』에 싣게 됩니다.

유교를 지도이념으로 삼은 조선왕조는 유교가 널리 보급되자, 조선 중종 때 조광조에 의해 대대적으로 향약을 보급하였고, 이후 퇴계선생과 율곡 선생 등이 그 지방의 실정에 맞게 보완을 해 여러 가지 향약이 등장하게 되면서 우리나라에 커다란 영향을 끼치게 되었습니다.

대표적인 향약이 퇴계(退溪) 이황(李滉) 선생이 주도한 '예안향약(禮安鄉約)'과, 율곡(栗谷) 이이(李珥) 선생이 주도한 청주(淸州)의 '서원향약(西原鄉約)'과 '해주향약(海州鄉約)'이 있습니다. 이 두 향약은 조선 후기에 전국 각지로 퍼져 나갔으며, 영남지방(嶺南地方)은 주로 '예안향약'에 기초를 두었고, 기호지방(畿湖地方)은 주로 '서원향약'과 '해주향약'에 근거를 두었습니다. 이후에 향약이 더 밀접하게 보급되어 동네에는 '동약(洞約)'과 집안에도 '족계(族契)'라는 것이 생겨났는데, 지역 규모는 달라도 그 취지는 한가지였다고 할 수 있습니다.

다산 정약용은 '중용(中庸)의 도가 무너진 나라를 일으키고 분란을 다스려주며 위급한 사태를 도와줘라'라고 말하며, 유배지에서 자녀들에게 보낸 편지에는 "기꺼이 베풀기를 즐겨하는 것은 덕을 삼는 근본"이라고 가르치고 있습니다,

『무경칠서(武經七書)』중 하나인 『삼략(三略)』에도 "능히 천하 대중의 근심을 제거하는 자는 천하의 즐거움을 누릴 수 있다."라고 하였으며, 『논어(論語)』에는 "덕은 외롭지 않고 반드시 이웃이 있다."라고 하여 한결같이 이웃에게 덕으로써 베풀며 살라고 권하고 있습니다.

『송사(宋史)』 여대방열전(呂大防列傳)에 "무릇 함께 약속 한 자는 덕(德)과 업(業)을 서로 권하며(德業相勸), 과실은 서로 잡아주며(過失相規)"라고 나오는데 의리에 저촉되는 과실은 여섯 가지니, '첫째, 술주정하고 도박하며 싸우고 송사함이요, 둘째, 행동거지가 예에 어긋남이요, 셋째, 행실이 공손하지 못함이요, 넷째, 말이 충신하지 못함이요, 다섯째, 말을 만들어 다른 사람을 모함하는 것이요 여섯째는 사사로움을 경영하기를 너무 심하

게 하는 것이다. 몸을 닦지 않는 과실이 다섯 가지이니, 첫째는 좋지 않은 사람과의 사귐이요, 둘째, 놀고 장난하며 게으름을 피우는 것이요, 셋째, 동작에 예의가 없음이요, 넷째, 일에 임하여 조심하지 않음이요, 다섯째, 용도를 절약하지 않음이다. 그리고 혼인과 초상과 장례와 제사와 왕래와 편지 문안과 경조사 따위의 예의와 풍속은 서로 사귀라고(禮俗相交)하였다.' 라고 하였습니다.

8-23~24

몸을 닦고 집안을 가지런히 하는 것은
나라를 다스리는 근본이요.
책을 읽으며 부지런히 검소함은
집안을 일으키는 근본이다.

修身齊家는	**治國之本**이요.
수신제가는	치국지본이요.
讀書勤儉은	**起家之本**이니라.
독서근검은	기가지본이니라.

【관련】 논어(論語) 헌문편(憲問篇), 대학(大學), 주역(周易) 가인괘(家人卦)

이 문장은 자신을 먼저 수양하고 자기 집안을 잘 다스리는 것이 나라를 잘 다스리는 근본임을 말하고 있는데, 그러기 위해서는 '배움에 부지런히 힘쓰고 근검절약' 해야 함을 말하고 있습니다.

공자께서 말한 유가사상의 핵심은 결국 '나라를 잘 다스리고 세상을 고르게 평안히 한다.'는 의미의 치국평천하(治國平天下)입니다.

『논어(論語)』 헌문편(憲問篇)에 공자께서는 "선비가 되어서 편안하게 자기만을 위해서 살고자 한다면 선비라고 할 수 없다."라고 말하고 있습니다. 이는 유가 사상을 익힌 선비가 자신의 수양에만 만족하면 안 되며, 배우고 익힌 학문을 통해 현실 정치에 적극적으로 참여함으로써 세상을 이롭게 해야 한다는 점을 거듭 강조하고 있는 것입니다.

『대학(大學)』의 8 조목은 격물(格物), 치지(致知), 의성(意誠), 심정(心正), 수신(修身), 제가(齊家), 치국(治國), 평천하(平天下)인데, "만물에는 근본과 말단이 있고, 모든 일에는 시작과 끝이 있으니, 선후를 알면 도에 가깝다. 자고로 밝은 덕을 천하에 밝히고자 하는 사람은 먼저 그 나라를 잘 다스려야 하고, 그 나라를 잘 다스리고자 하는 사람은 먼저 그 집안을 잘 다스려야 하고, 그 집안을 잘 다스리고자 하는 사람은 먼저 자기 자신의 수양을 해야 하고, 자기 자신을 수양하고자 하는 사람은 먼저 그 마음을 바로 해야 하고, 그 마음을 바로 하고자 하는 사람은 먼저 그 뜻을 성실히 해야 하고, 그 뜻을 성실히 하고자 하는 사람은 먼저 그 지식에 힘써야 하고, 지식에 힘쓰고자 하는 것은 만물의 이치를 철저히 연구함에 있다. 만물의 이치를 철저히 연구한 이후에 지식이 지극히 되고, 지식이 지극히 된 이후에 뜻이 성실히 되고, 뜻이 성실히 된 이후에 마음이 바르게 되며, 마음이 바르게 된 이후에 자신의 몸이 수양이 된다. 자신이 수양 된 이후에 집안이 잘 다스려지고, 집안이 잘 다스려진 이후에 나라가 잘 다스려진다. 나라가 잘 다스려진 이후에 천하가 평화롭게 된다."고 하였습니다.

가정을 잘 이끌 수 있는 방법으로 『주역(周易)』 가인괘(家人卦)에 "아버지는 아버지답고 아들은 아들다우며, 형은 형답고 아우는 아우다우며, 남편은 남편답고 아내는 아내다우면 가도(家道)가 바르게 된다."고 하였는데, '가족 구성원 간 제자리 곧, 각자 임무에 충실하라는 말이며, 집안에 엄한 부모가 있으면 곧 아버지가 아버지의 도(道)를 잃지 않아서 마침내 부인이 부인의 도(道)를 잃지 않음에 이르니, 높고 낮음에 차례가 있고 상하(上下)를 잃지 않은 뒤에 도(道)가 바른 집안이 된다.' 고 말하고 있습니다.

모두가 집안을 바로잡아 집안이 바르지 않음이 없으면 천하의 다스려짐이 안정된다는 말입니다. 그러므로 '자기 몸을 닦고 집안을 가지런히 하는 것이 나라를 다스리는 근본이고, 부지런히 학문에 열중하고 근검절약하며 살아가는 것.' 이 집안을 일으키는 근본이 되는 것입니다.

8-25~26

충신하고 자상하며
온순하고 어질고 공손하고 겸손하라.
사람의 덕행은
겸양이 최상이 되느니라.

忠信慈祥하고	溫良恭儉하라.
충신자상하고	온량공검하라.
人之德行은	謙讓爲上이니라.
인지덕행은	겸양위상이니라.

【관련】 논어(論語) 이인편(里仁篇), 채근담(菜根譚) 전집(前集)

이 문장은 타인에 대해 행해야할 덕행 중에 '공손과 겸양의 미덕' 에 대해서 말하고 있는데, 요즘 말로하면 상호 존중과 배려의 정신입니다.

『논어(論語)』 이인편(里仁篇)에 공자께서는 "예(禮)와 겸양(謙讓)으로써 나라를 다스린다면 무슨 어려움이 있겠는가? 예와 겸양으로써 나라를 다스리지 못한다면 예제(禮制)가 있은들 무엇 하겠는가?"하고 말하였는데, 법률과 힘으로 나라를 다스리는 사람은 위엄을 세우고 백성 위에 군림하겠지만, 덕(德과) 예(禮)로 나라를 다스리는 사람은 자신을 낮추게 됩니다.

예(禮)로써 다스리는 예치(禮治)는 곧, 덕(德)으로 다스리는 덕치(德治)이며, 이것이 곧, 왕도정치(王道政治)인 것입니다. 정치인이 국민들에게, 부모가 자녀에게, 어른이 아이들에게, 직장 상사가 사원들에게, 교사가 학생들에게 존중과 배려로써 진실하게 대한다면 도(道)와 예(禮)가 바로잡히고 아랫사람이 윗사람에게 감화되어 공경하게 될 것입니다.

하지만 경계해야할 부분도 있는데, 『채근담(菜根譚)』 전집(前集)에 "검약(儉約)은 미덕(美德)이나 지나치면 인색(吝嗇)하고 비루(鄙陋)하여 도리어 올바른 도리를 해치게 된다."고 하였습니다. 이는 겸양(謙讓)이 비록 아름다운 행실이기는 하지만 지나치게 한다면 사람이 비굴(卑屈)해지고 간사하게 아첨(阿諂)하게 되어 꾸미는 마음이 많아짐을 경계한 말입니다.

8-27~28

다른 사람의 단점을 말하지 말고
자기의 장점을 믿지 말라.
자기가 하고자 하지 않는 것을
남에게 베풀지 말라.

莫談他短하고　　**靡恃己長**하라.
막 담 타 단 하고　　미 시 기 장 하라.
己所不欲을　　**勿施於人**하라.
기 소 불 욕 을　　물 시 어 인 하라.

【관련】 논어(論語) 안연편(顔淵篇) · 위령공편(衛靈公篇)

이 문장은 '타인은 바라보는 관점과 자신의 마음가짐' 에 대하여 말하고 있습니다.

『논어(論語)』 안연편(顔淵篇)에 중궁(仲弓)이 어진 것에 대해 묻자 공자께서 "문에 나가서는 큰 손님을 뵙는 것 같이 하고, 백성을 부르기를 큰 제사를 지내듯하며, 자기가 하고자 아니하는 것을 남에게 베풀지 말라. 그러면 나라에 원망이 없을 것이며, 집안에도 원망이 없을 것이다."라고 하였습니다.

『논어(論語)』 위령공편(衛靈公篇)에 자공(子貢)이 "한 말씀으로써 종신토록 행할 만한 것이 있습니까?" 하고 묻자 공자께서 "서(恕)일 것이다. 자기가 바라지 않는 바를 남에게 베풀지 말라는 것이다."라고 대답합니다. 서(恕)는 자기 마음을 미루어 다른 사람의 마음을 헤아려 자기가 싫어하는 일을 다른 사람에게 행하지 않는 것으로, 자기 마음을 미루어 남에게 미치는 것이니 내가 저 사람의 입장이라면 어떻게 할까? 하는 생각으로 남의 처지를 이해하려고 하는 배려의 태도입니다. 자기를 다스리는 마음으로 남을 다스리고 자신을 사랑하는 마음으로 타인을 사랑하는 마음으로 살아가야 합니다.

"복은 검소함에서 생기고 덕은 자신을 낮추고 물러남에서 생기며, 지혜는 고요히 생각하는데서 생겨난다. 근심은 욕심이 많은데서 생기고, 재앙은 탐하는 마음이 많은데서 생기며, 허물은 잘난 체하고 남을 하찮게 여기는데서 생기고 죄악은 어질지 못하는데서 생긴다.

눈을 조심하여 남의 잘못된 점을 보지 말고, 입을 조심하여 남의 단점을 말하지 말라. 마음을 조심하여 스스로를 탐내거나 성내지 말고 몸을 조심하여 나쁜 사람을 따르지 말라. 유익하지 않은 말을 함부로 하지 말고, 나와 관계없는 일에 부질없이 참견하지 말라.

순리대로 오는 것을 거절말고 순리대로 가는 것을 잡지 말며, 몸 대우 없음에 바라지 말고, 지나간 일은 생각하지 말라. 남을 해하면 마침내 자기에게 돌아오고, 세력에 의지하면 도리어 재앙이 따른다. 절약하지 않으면 집을 망치고, 청렴하지 않으면 지위를 잃는다."[17]는 말을 항상 우리 마음 속에 간직하고 살아야겠습니다.

8-29~30

선행을 쌓은 집에는
반드시 뒤에 경사가 있는 것이요.
선행을 행하지 않는 집에는
반드시 뒤에 재앙이 있느니라.

積善之家는	必有餘慶이요.
적 선 지 가 는	필 유 여 경 이요.
不善之家는	必有餘殃이니라.
불 선 지 가 는	필 유 여 앙 이니라.

【관련】 주역(周易) 문언전(文言傳), 논어(論語) 자한편(子罕篇), 노자(老子) 도덕경(道德經)

이 문장은 세상을 살아가면서 착한 일을 할 것을 권하고 있는데, '인과응보(因果應報)' 에 대하여 말하고 있습니다.

『주역(周易)』 문언전(文言傳)에 "선(善)을 쌓은 집안은 반드시 남은 경사

17 『마음을 다스리는 글』에서 인용하였다.

가 있고, 불선(不善)을 쌓은 집안은 반드시 남은 재앙이 있으니, 신하가 군주를 죽이며, 자식이 아비를 죽이는 것은 하루아침과 하룻저녁의 변고가 아니요, 그로 말미암아 온 것이 점진한 것이니, 분변(分辨)하기를 일찍 분변하지 않음에서 말미암은 것이다. 『역(易)』에 이르기를 '서리를 밟으면 단단한 얼음에 이른다.'고 하였으니, 이는 순차적임을 말한 것이다."고 하였습니다.

내가 한 일이 원인이 되어 미래에 선과 악의 결과를 받게 되는데, 이를 인과응보(因果應報)라고 합니다. 인간은 완벽한 존재가 아니기에 세상을 살아가다 보면 의도하든 의도하지 않든 몸과 입과 마음을 통하여 죄를 짓고 살게 됩니다. 모든 일이 인과(因果)의 법칙에서 벗어나는 것은 하나도 없으며, 무슨 결과든지 그 원인에 정비례한다는 것입니다. 또한, 인과의 법칙으로 인해 모든 일은 반드시 바른 데로 돌아가게 된다는 사필귀정(事必歸正)이라는 말도 있습니다. 하지만 소인이 덕을 베풀기란 쉽지 않습니다.

『논어(論語)』 자한편(子罕篇)에 공자께서 "나는 아직 여색을 좋아하는 것처럼 덕을 좋아하는 사람을 보지 못했다."고 말하고 있습니다. 덕(德)은 내가 남에게 베푸는 것이고, 색(色)은 내가 즐기는 것이니, 소인이 즐기는 것만큼 베푸는 것을 좋아하는 사람이 없음을 한탄하고 있는 것입니다.

노자(老子) 『도덕경(道德經)』에 "참된 선은 마치 물과 같다. 모든 것을 돕고, 그 누구와도 싸우지 않으며, 모두가 싫어하는 가장 낮은 곳에 기꺼이 머무른다."고 하여 최고의 선(善)은 물과 같은 것이니 물의 속성을 닮아서 살아가야 한다는 말입니다.

8-31~32

남에게 손해를 보게 하고 자신을 이롭게 하면
마침내 자신을 해치는 것이다.

재앙와 복은 문이 없어

오직 사람이 부르는 대로 오느니라.

損人利己면　　**終是自害**니라.

손인이기면　　종시자해니라.

禍福無門하야　　**惟人所召**니라.

화복무문하야　　유인소소니라.

8-33~34

아! 소자들아

공경히 이 책을 받아라.

내 말은 늙은이의 망령이 아니라

성인의 가르침이시니라.

嗟嗟小子아　　**敬受此書**하라.

차차소자아　　경수차서하라.

非我言耄라　　**惟聖之謨**시니라.

비아언모라　　유성지모시니라.

【관련】 소학집주(小學集註), 채근담(菜根譚), 맹자(孟子) 공손추(公孫丑)

이 문장은 재앙과 복은 자기 스스로 만들기 나름으로 '타인을 대하는 마음가짐'에 대하여 말하고 있습니다.

『채근담(菜根譚)』에 "군자는 세상을 꾸밈없이 살 뿐, 능란하게 사는 것이 아니다."라고 하였습니다. 세상 일에 경험이 많지 않을수록 그 만큼 때는 묻지 않을 것이며, 세상 일에 경험이 많을수록 자신도 모르게 상대를 속이고 기교를 부리려는 의도나 마음을 갖게 되는 경우가 많습니다. 그러므로 군자는 세상을 치밀하게 살아가기보다는 오히려 소탈하게 사는 편이 나은 것입니다.

남에게 손해를 보게 한다는 것은 비단 재물에 있지 않습니다. 나의 그릇된 언행으로 인하여 상대의 마음에 상처를 내고, 마음을 아프게 하여 의욕을 떨어뜨리는 것 모두가 남에게 손해를 끼치는 것입니다.

처세를 잘하는 사람은 대개 자기 자신을 비굴하게 만드는 법입니다. 이렇게 하면 나에게 이득이 되고, 저렇게 하면 손해가 된다는 계산을 앞세우며 이에 따라 반사적으로 행동을 하기 때문입니다. 그런 생활태도가 습관화되면 자신의 언행이 남에게 어떤 영향을 주게 되는 것인지, 또는 자신이 살아가는 인생 그 자체가 어떤 의미를 가지고 있는 것인지에 대해서 전혀 반성하지 않습니다. 따라서 여러 가지 재주가 있는 것보다는 어느 정도 모자라는 편이, 그리고 지나치게 공손한 것보다는 외곬이고 다소 무뚝뚝한 편이 도리어 남으로부터 신용을 얻게 되는 법입니다. 물론 이 세상을 살아가야 하는 이상 처세의 지혜도, 대인관계의 예절도 있어야 합니다. 하지만 그런 것에만 너무 신경을 쓰다가는 중심 없이 속이 텅 빈 사람이 되기 쉽고, 이런 사람이 되어서는 안 된다는 충고입니다.

명심보감
明心寶鑑

명심보감(明心寶鑑)이란?

『명심보감』은 '마음을 밝히는 보배로운 거울'이란 의미로 원전(原典)은 명나라 범입본(范立本)이 상 · 하 2권에 모두 20편으로 분류한 책입니다. 그런데 고려 충렬왕 때에 예문관 대제학을 지낸 추적(秋適)이 편찬했다고 전해지는 명심보감초(明心寶鑑抄)에는 19편이 수록되었다고 전합니다. 조선초기 간행된 명심보감 청주본(淸州本)이 우리나라에서 간행된 가장 오래된 원본으로 근세에 여러 이본(異本)이 생겨났으며 새로운 내용이 발췌되어 편(篇)으로 정리되고 증보(增補)되어 오늘에 이르렀습니다.

인용한 시기는 기원전에서 송나라 때에 이르기까지 다양하며 출전(出典)은 경서(經書) · 사서(史書) · 제자(諸子) · 시문집 등 여러 책에서 본받을 만한 문구들을 뽑아 적절하게 편집한 책입니다. 내용이 비교적 간결하고 글자를 익히기에 비교적 수월하여 주로 한문 초학자들이 천자문(千字文)을 배운 다음 동몽선습(童蒙先習)과 함께 기초과정에서 배우던 교재로 널리 쓰였고, 최근에는 일선학교에서 교양 기초한문교재로 널리 애용되고 있습니다.

총 19편 『계선(繼善), 천명(天命), 순명(順命), 효행(孝行), 정기(正己), 안분(安分), 존심(存心), 계성(戒性), 근학(勤學), 훈자(訓子), 성심 · 상(省

心 · 上), 성심 · 하(省心 · 下), 입교(立教), 치정(治政), 치가(治家), 안의(安義), 준례(遵禮), 언어(言語), 교우(交友), 부행(婦行)』편으로 구성되어 있고, 증보편이 있으나 여기서는 수록하지 않았습니다.

명심보감(明心寶鑑)은 어느 한편의 사상에 치우치지 않고 인간의 보편적인 윤리도덕을 말하고 있으며, 인간 본연의 착한 심성과 지족(知足)과 겸양의 덕성을 가져야 한다는 명언은 경세(經世)를 위한 수양서(修養書)이자 제세(濟世)에 필요한 교훈서가 되기에 충분합니다.

인(仁)과 예(禮)를 강조한 이 책은 조선시대의 대표적인 초학 입문용 교재이며 지금까지도 한국인의 삶과 같이 호흡하는 고전으로 간결한 문장 안에 담긴 선인들의 보배로운 말과 글은 인격 수양을 돕고, 나아가 인생의 잠언(箴言)으로 두고두고 읽혀져 왔습니다. 따라서 우리 청소년들이 기초한문을 공부하고 인성과 인격을 수양하는데 좋은 책이라고 여겨지며, 동양인의 정신세계를 파악하고 인간의 도덕성 회복이 절실히 요청되는 상황에서 명심보감에 담긴 명언들은 마음의 양식으로 자리잡을 것입니다.

2022年 이른 봄에
尙 東 圭 識

第1 繼善篇 (계선편)

꾸준히 선행하라

1–1

子曰 爲善者는 天이 報之以福하고 爲不善者는 天이 報之以禍니라.

자[1]**왈, 위선자**는 **천**이 **보지이복**하고 **위불선자**는 **천**이 **보지이화**니라.

공자께서 말씀하셨다. "착한 일을 행하는 사람은 하늘이 복(福)으로써 갚고, 착한 일을 하지 않는 사람은 하늘이 재앙으로써 갚는다."

1–2

漢昭烈이 將終에 勅後主曰, 勿以惡小而爲之하고 勿以善小而不爲하라.

한소열[2]이 **장종**에 **칙후주**[3]**왈, 물이악소이위지**하고 **물이선소이불위**하라.

---

1 (B.C 551~B.C 479) 본명은 공구(孔丘), 춘추전국시대 노나라 사람으로 사상가이자 정치가. 일찍 학문에 눈을 떠 많은 제자들을 길렀으며, 저서로는 논어(論語), 시경(詩經), 서경(書經), 주역(周易), 춘추(春秋) 등이 있다.

2 (161~223) 성은 유(劉) 이름은 비(備)이며 자는 현덕(玄德)으로 중국 삼국시대 촉한의 초대 황제로 소열제(昭烈帝). 사서(史書)에서는 선주(先主)라 칭한다.

3 뒤를 이을 임금으로 여기서는 유비의 아들인 선(禪)을 일컫는다.

한(漢)나라 소열황제(昭烈帝)가 장차 죽음에 이르러, 뒤를 이을 임금(유비의 아들 선(禪))에게 이르셨다. "악(惡)한 것이 적다고 하여 해서는 안 되고, 선(善)한 것이 적다고 하여 하지 않으면 안 된다."

1-3

莊子曰, 一日不念善이면 諸惡이 皆自起니라.

장자[4]**왈, 일일불념선**이면 **제악**이 **개자기**니라.

장자께서 말씀하셨다. "하루라도 착한 것을 생각하지 아니하면 모든 악(惡)한 것이 저절로 일어난다."

1-4

太公曰, 見善如渴하고 聞惡如聾하라 又曰, 善事는 須貪하고 惡事는 莫樂하라.

태공[5]**왈, 견선여갈**하고 **문악여롱**하라 **우왈, 선사**는 **수탐**하고 **악사**는 **막락**하라.

---

4 (B.C 369~B.C 286) 중국 전국 시대 송(宋)나라 몽(蒙; 현재의 안휘성 몽성 또는 하남성 상구 추정) 출신의 저명한 중국 철학자로 제자백가 중 도가(道家)의 대표적인 인물이며 노자(老子) 사상을 계승, 발전시켰다. 본명은 주(周)이다.

5 (?~B.C 1005) 중국의 상고 시대인 은주 혁명기(서기전 11세기경)의 정치가이며 전략가로 제나라의 초대 군주이다. 성은 강(姜)이고, 씨는 여(呂), 이름은 상(尙). 자는 자아(子牙), 아호는 비웅(飛熊)이다.

태공께서 말씀하셨다. "착한 일을 보거든 목이 말라 물을 구하듯이 하고, 악한 말을 듣기를 귀머거리처럼 하라." 또 말씀하셨다. "착한 일은 모름지기 탐내야 하며, 악한 일은 즐기지 말라."

1-5

馬援曰, 終身行善이라도 善猶不足이요 一日行惡이라도 惡自有餘니라.

마원[6]**왈, 종신행선**이라도 **선유부족**이요 **일일행악**이라도 **악자유여**니라.

마원께서 말하였다. "죽을 때까지 착함을 행하여도 착한 것은 오히려 부족하고, 하루만 악을 행하여도 악은 저절로 남음이 있다."

1-6

司馬溫公曰, 積金以遺子孫이라도 未必子孫이 能盡守요 積書以遺子孫이라도 未必子孫이 能盡讀이니 不如積陰德於冥冥之中하여 以爲子孫之計也니라.

사마온[7]**공왈, 적금이유자손**이라도 **미필자손**이 **능진수**요 **적서이유자손**

6 (B.C 14~B.C 49)은 후한 광무제(光武帝)의 명장(名將), 정치가로 자는 문연이다. 시호는 충성(忠成). 마복파(馬伏波)이다.

7 사마광(司馬光, 1019~1086)은 중국 북송의 유학자, 역사가, 정치가이다. 자는 군실(君實)이고 호는 우수(迂叟)이며 또는 속수선생(涑水先生)이라고 불렸다. 시호는 문정(文正)이다. 온국공(溫國公)의 작위를 하사받아 사마온공(司馬溫公)이라고도 한다.

이라도 **미필자손**이 **능진독**이니 **불여적음덕어명명지중**하여 **이위자손지계야**니라.

사마온 공이 말하였다. "돈을 모아서 자손에게 물려주더라도 자손이 반드시 다 지킬 수 있는 것은 아니요, 책을 모아서 자손에게 물려주더라도 자손이 반드시 다 읽을 수 있는 것은 아니니, 남이 모르는 가운데 음덕(陰德)을 쌓음으로써 자손을 위하는 방법으로 삼는 것이 좋다."

1-7

景行錄曰, **恩義**를 **廣施**하라 **人生何處**에 **不相逢**이랴 **讐怨**을 **莫結**하라 **路逢狹處**면 **難回避**니라.

경행록[8]**왈**, **은의**를 **광시**하라 **인생하처**에 **불상봉**이랴 **수원**을 **막결**하라 **노봉협처**면 **난회피**니라.

경행록에서 말하였다. "은혜와 의리를 널리 베풀어라. 사람이 어느 곳에서에 살아간들 서로 만나지 않겠는가? 원수와 원한을 맺지 말라. 좁은 곳에서 만나면 피하기 어렵다."

---

8 중국 송나라 때 지어졌다고 전해지는 책으로 지금은 전하지 않으며, 경행록에 기록된 많은 말씀들이 명심보감에 수록되어있다.

1-8

莊子曰, 於我善者도 **我亦善之**하고 **於我惡者**도 **我亦善之**니라 **我旣於人**에 **無惡**이면 **人能於我**에 **無惡哉**인저.

장자왈, 어아선자도 **아역선지**하고 **어아악자**도 **아역선지**니라 **아기어인**에 **무악**이면 **인능어아**에 **무악재**인저.

장자께서 말씀하셨다. "나에게 착하게 대하는 사람에게 내가 또한 착하게 대하고, 나에게 악하게 대한 사람이라도 내가 또한 착하게 대할 것이다. 내가 이미 남에게 악하게 대하지 아니하였다면 남도 능히 나에게 악하게 대하지 않을 것이다."

1-9

東岳聖帝垂訓曰, 一日行善이면 **福雖未至**나 **禍自遠矣**요 **一日行惡**이면 **禍雖未至**나 **福自遠矣**니 **行善之人**은 **如春園之草**하여 **不見其長**이라도 **日有所增**하고 **行惡之人**은 **如磨刀之石**하여 **不見其損**이라도 **日有所虧**니라.

동악성제[9]**수훈왈, 일일행선**이면 **복수미지**나 **화자원의**요 **일일행악**이면 **화수미지**나 **복자원의**니 **행선지인**은 **여춘원지초**하여 **불견기장**이라도 **일유소증**하고 **행악지인**은 **여마도지석**하여 **불견기손**이라도 **일유소휴**니라.

9 도교에서 받드는 신선(神仙)의 하나로 동악은 오악(五岳)의 으뜸인 태산(泰山)이다. 신이경(神異經)에 의하면 동악제군(東岳帝君)은 반고씨(盤古氏)의 5세손인 금선씨(金蟬氏)라 한다.

동악성제가 훈계를 내려 말씀하셨다. "하루에 착한 일을 행하면 복은 비록 오지 않더라도 재앙은 저절로 멀어지고, 하루 악한 일을 행하면 비록 재앙은 오지 않더라도 복은 저절로 멀어진다. 착한 일을 행하는 사람은 봄동산의 풀과 같아서 그 풀이 자라는 것이 보이지는 않지만 날마다 늘어남이 있으며, 악한 일을 행하는 사람은 칼을 가는 숫돌과 같아서 그 숫돌이 닳아 없어짐을 보지는 못하나 날마다 이지러짐이 있다."

1-10

子曰, 見善如不及하고 **見不善如探湯**하라.

자왈, 견선여불급하고 **견불선여탐탕**하라.

공자께서 말씀하셨다. "착한 일을 보면 아직 거기에 미치지 못하는 것 같이 따라가고, 착하지 아니한 일을 보면 끓는 물을 만지듯이 하라."

第2 天命篇 (천명편)

하늘의 명

2-1

孟子曰, 順天者는 存하고 逆天者는 亡이니라.

맹자[10]**왈, 순천자**는 **존**하고 **역천자**는 **망**이니라.

맹자께서 말씀하셨다. "하늘의 명령에 순응하는 사람은 살고, 하늘의 명령을 거스르는 사람은 망한다."

2-2

康節邵先生曰, 天聽이 寂無音하니 蒼蒼何處尋고 非高亦非遠이라 都只在人心이니라.

강절소[11]**선생왈, 천청**이 **적무음**하니 **창창하처심**고 **비고역비원**이라 **도지재인심**이니라.

소강절 선생이 말씀하셨다. "하늘의 들으심은 고요해서 소리가 없으니 푸르고 푸른 하늘 어느 곳에서 찾을 수 있을까? (하늘의 들으심은) 높지

---

10 (B.C 372~B.C 289) 전국 시대 제자백가의 한 사람으로 본명은 가(軻)이며, 자는 자여(子輿) 혹은 자거(子車)다. 그는 공자가 세운 유교 사상을 계승하여 발전시켰다.

11 소옹(邵雍, 1011~077)은 중국 송나라의 사상가이며, 중국 북송의 5대 현자 중의 한 사람으로 소강절 또는 소요부(邵堯夫)라고도 한다. 성리학의 이상주의 학파 형성에 큰 영향을 주었다.

도 아니하고 또한 멀지도 않으니, 모두가 다만 사람의 마음속에 있는 것이다."

2-3

玄帝垂訓에 曰, 人間私語라도 天聽은 若雷하고 暗室欺心이라도 神目은 如電이니라.

현제[12]**수훈**에 **왈, 인간사어**라도 **천청**은 **약뢰**하고 **암실기심**이라도 **신목**은 **여전**이니라.

현제(玄帝)가 훈계를 내려 말씀하셨다. "사람 간의 사사로운 말이라도 하늘이 듣기에는 우레와 같이 크게 들리고, 어두운 방에서 마음을 속일지라도 귀신의 눈이 보는 것은 번개와 같이 환하다."

2-4

益智書에 云, 惡鑵이 若滿이면 天必誅之니라.

익지서[13]에 **운, 악관**이 **약만**이면 **천필주지**니라.

익지서에 이르기를, "나쁜 마음이 가득 차면, 하늘에서 반드시 죽여버린다."

---

12 도교에서 받드는 신선의 하나로 현천상제(玄天上帝)라고도 한다.
13 중국 송나라 때에 만들어진 교양서적

2-5

莊子曰, 若人이 作不善하여 得顯名者는 人雖不害나 天必戮之니라.

장자왈, 약인이 **작불선**하여 **득현명자**는 **인수불해**나 **천필륙지**니라.

장자께서 말씀하셨다. "만일 사람이 착하지 않은 일을 하고도 이름을 세상에 드러낸 자는 사람이 비록 해치지 않더라도 하늘이 반드시 죽일 것이다."

2-6

種瓜得瓜요 種豆得豆니 天網이 恢恢하여 疏而不漏니라.

종과득과요 **종두득두**니 **천망**이 **회회**하여 **소이불루**니라.

오이를 심으면 오이를 얻고, 콩을 심으면 콩을 얻을 것이니, 하늘의 그물은 넓고 넓어서 듬성듬성 한듯 하지만 새지 않는다.

2-7

子曰, 獲罪於天이면 無所禱也니라.

자왈, 획죄어천이면 **무소도야**니라.

공자께서 말씀하셨다. "하늘에 죄를 지으면 빌 곳이 없다."

第3 順命篇 (순명편)

운명에 순응하라

3–1

子曰, 死生이 有命이요 富貴在天이니라.

자왈, 사생이 **유명**이요 **부귀재천**이니라.

공자께서 말씀하셨다. "죽고 사는 것은 운명에 있고, 부유하고 귀한 것은 하늘에 달려있는 것이다."

3–2

萬事分已定이어늘 浮生이 空自忙이니라.

만사분이정이어늘 **부생**이 **공자망**이니라.

모든 일은 나뉘어 이미 정해져 있는데, (사람들은) 부질없는 인생은 쓸데없이 스스로 바쁘다.

3-3

景行錄에 云, 禍不可倖免이요 福不可再求니라.

경행록에 **운, 화불가행면**이요 **복불가재구**니라.

경행록에 이르기를, "재앙을 요행으로 면하려 하지 말고, 복은 다시 구하기 어렵다."

3-4

時來風送滕王閣이요 運退雷轟薦福碑라.

시래풍송등왕각이요 **운퇴뢰굉천복비**[14]라.

14 당(唐)나라 때 도독(都督) 염백서(閻伯嶼)가 남창(南昌)에서 강변(江邊)에 있던 등왕각(滕王閣)을 중수하고 낙성연(落成宴)을 연 자리에서 그의 사위에게 서문(序文)을 짓게 하여 사위의 문명(文名)을 자랑하려고 하였다. 이때 왕발(王勃)은 동정호(洞庭湖) 부근에 있었는데 남창과는 거리가 거의 700리(里)나 떨어진 곳이었다. 등왕각의 낙성식 날이 9월 9일인데 전전날인 7일 밤 꿈에 어떤 백발노인(白髮老人)이 나타나 9월 9일 남창의 등왕각 낙성연에 참석하여 '등왕각서문' 을 지으라는 계시를 받고 다음 날 일찍 배에 올랐다. 그런데 어찌 된 일인지 갑자기 순풍이 일어 배는 단 하루 만에 700리를 나아가 난창에 닿았다. 이튿날 낙성연이 열리는 등왕각에 올라 불과 나이 14세인 어린 왕발이 서문을 지었고, 만장(滿場)한 하객(賀客)들이 놀라워하며 경탄과 찬사를 아끼지 않는 명문(名文)이 탄생(誕生)하였다고 한다. 반대로 천복사에는 다음과 같은 고사가 전해진다. 천복비(薦福碑)는 이북해(李北海)가 비문을 짓고 구양순이 글씨를 쓴 유명한 비석이다. 구래공(九萊公)이란 문객 한 사람이 몹시 곤궁하게 지내므로 어떤 사람이 그를 보고 말하기를, 천복비의 비문을 탁본 해주면 후한 사례를 하겠다고 약속했다. 이에 천신만고하여 수 천리를 애써 갔더니 그날 밤 벼락이 내려 그 비석을 깨뜨렸다는 일화가 있다. 이처럼 운이 오면 도저히 불가능한 일도 가능해질 때가 있는 것이고, 운이 물러갈 때는 눈앞의 행운도 잡을 수 없는 경우가 있는 것이다.

때가 오니, 바람이 (왕발을) 등왕각으로 불어 보내주는 것이고, 운수가 다하면 벼락이 천복비에 떨어지기도 한다.

3-5

列子가 **曰**, **痴聾痼啞**라도 **家豪富**요 **智慧聰明**도 **却受貧**이라 **年月日時該栽定**하니 **算來由命不由人**이니라.

열자[15]가 **왈**, **치롱고아**라도 **가호부**요 **지혜총명**도 **각수빈**이라 **연월일시 해재정**하니 **산래유명불유인**이니라.

열자께서 말씀하셨다. "어리석고, 귀먹고, 고질병에 벙어리라도 집은 호화롭고 부유할 수 있으며, 지혜가 있고 총명한 사람도 오히려 가난할 수 있다. 운수는 해와 달과 날과 시가 이미 정해져 있으니, 따져보면 천명에서 비롯된 것이지 사람 때문에 생겨나는 것은 아니다."

---

15 (B.C 475~221) 중국 전국시대의 사상가로 본명은 열어구. 중국 도가의 기본사상을 확립시킨 3명의 철학가 가운데 한 사람이며, 도가 경전인 〈열자〉의 저자로 전해진다.

第4 孝行篇 (효행편)

효도를 행하라

4-1

詩曰, 父兮生我하시고 母兮鞠我하시니 哀哀父母여 生我劬勞셨다. 欲報深恩인댄 昊天罔極이로다.

시[16]**왈, 부혜생아**하시고 **모혜국아**하시니 **애애부모**여 **생아구로**셨다. **욕보심은**인댄 **호천망극**이로다.

시경에서 말하였다. "아버지는 나를 낳으시고 어머니는 나를 기르시니, 아아 슬프다. 아버지, 어머니여! 나를 낳아 기르시느라 애쓰셨다. 깊은 은혜를 갚고자 하나 넓은 하늘처럼 끝이 없다."

4-2

子曰 孝子之事親也에 居則致其敬하고 養則致其樂하고 病則致其憂하고 喪則致其哀하고 祭則致其嚴이니라.

자왈, 효자지사친야에 **거즉치기경**하고 **양즉치기락**하고 **병즉치기우**하고 **상즉치기애**하고 **제즉치기엄**이니라.

---

16 고대 중국의 시가를 모아 엮은 오경(五經)의 하나로, 본래는 3,000여 편이었다고 전하나 공자에 의해 305편으로 간추려졌다. 『사기』에 의하면 공자가 311편을 가려냈다 하나 이 중 여섯 편은 제목만 전한다.

공자께서 말씀하셨다. "효자는 부모를 섬김에 거처할 때에는 그 공경을 다하고, 봉양할 때에는 그 즐거움을 다하고, 병이 드시면 그 근심을 다하고, 상중에는 그 슬픔을 다하고, 제사를 지낼 때에는 그 엄숙함을 다해야하는 것이다."

4-3

子曰 父母在어시든 不遠遊하며 遊必有方이니라.

자왈 부모재어시든 **불원유**하며 **유필유방**이니라.

공자께서 말씀하셨다. "부모가 살아 계실 때에는 멀리 가서 놀지 말고, 놀더라도반드시 일정한 곳에 있어야 한다."

4-4

子曰 父命召어시든 唯而不諾하고 食在口則吐之니라.

자왈 부명소어시든 **유이불락**하고 **식재구즉토지**니라.

공자께서 말씀하셨다. "부모님께서 부르시거든 빨리 대답하고 머뭇거리지 말며, 음식이 입에 있다면 속히 뱉고 대답해야 한다."

4–5

太公이 曰, 孝於親이면 子亦孝之하나니 身旣不孝에 子何孝焉이리오.

태공이 **왈, 효어친**이면 **자역효지**하나니 **신기불효**에 **자하효언**이리오.

태공께서 말씀하셨다. "부모님께 효도하면 내 자식이 또한 효도하니, 내가 이미 효도하지 않았다면 자식이 어찌 나에게 효도를 하겠는가?"

4–6

孝順은 還生孝順子요 忤逆은 還生忤逆兒하나니 不信커든 但看簷頭水하라 點點滴滴不差移니라.

효순은 **환생효순자**요 **오역**[17]은 **환생오역아**하나니 **불신**커든 **단간첨두수**하라 **점점적적불차이**니라.

(부모에게) 효도하고, 순종하는 사람은 또한 효도하고 순종하는 자녀를 낳고 (부모에게) 거역하는 사람은 또한 거역하는 자녀를 낳게 된다. 믿지 못하겠거든 다만 처마 끝에 떨어지는 물을 보라! 한점 한점 물방울의 떨어짐이 어긋남이 없다.

---

17 오역(忤逆)은 불교 용어로 무간지옥(無間地獄)에 떨어질 다섯 가지 악행으로서 살부(殺父), 살모(殺母), 살아라한(殺阿羅漢), 파화합승(破和合僧), 출불신혈(出佛身血)을 말한다.

第5 正己篇 (정기편)

몸가짐을 바르게 하라

5–1

性理書에 云, 見人之善이어든 而尋己之善하고 見人之惡이어든 而尋己之惡이니 如此라야 方是有益이니라.

성리서[18]에 **운, 견인지선**이어든 **이심기지선**하고 **견인지악**이어든 **이심기지악**이니 **여차**라야 **방시유익**이니라.

성리서에 이르기를, "남의 착한 것을 보거든 자신의 착한 것을 찾으며, 남의 악한 것을 보거든 자신의 악한 것을 찾아야 할 것이니, 이와같이 한다면 바야흐로 이로움이 있다."

5–2

景行錄에 云, 大丈夫當容人이언정 無爲人所容이니라.

경행록에 **운, 대장부당용인**이언정 **무위인소용**이니라.

경행록에 이르기를 "대장부는 마땅히 다른 사람을 용서할지언정 다른 사람의 용서를 받는 처지가 되지 말라."

---

18 성리학에 관한 책

5-3

康節邵先生이 曰, 聞人之謗이라도 未嘗怒하며 聞人之譽라도 未嘗喜하며 聞人之惡이라도 未嘗和하며 聞人之善이면 則就而和之하고 又從而喜之니라. 其詩에 曰 樂見善人하며 樂聞善事하며 樂道善言하며 樂行善意하고 聞人之惡이어든 如負芒刺하며 聞人之善이어든 如佩蘭蕙니라.

강절소선생이 **왈, 문인지방**이라도 **미상노**하며 **문인지예**라도 **미상희**하며 **문인지악**이라도 **미상화**하며 **문인지선**이면 **즉취이화지**하고 **우종이희지**니라. **기시**에 **왈, 락견선인**하며 **락문선사**하며 **락도선언**하며 **락행선의**하고 **문인지악**이어든 **여부망자**하며 **문인지선**이어든 **여패난혜**니라.

소강절 선생이 말씀하셨다. "남의 비방을 들어도 화내지 말고, 남의 칭찬을 들어도 기뻐하지 말며, (다른 사람이) 남의 악행을 말하는 것을 들어도 동조하지 말며, 다른 사람의 착한 일을 듣거든 나아가 어울리고 함께 기뻐해야 한다." 그 시에서 말하기를 "선한 사람을 보는 것을 즐거워하며, 선한 일을 듣는 것을 즐거워하며, 선한 것을 말하는 것을 즐거워하며, 선한 뜻을 행하는 것을 즐거워하고, 남의 악함을 듣기를 가시를 등에 진 것 같이 하고, 남의 선함을 듣기를 난초와 혜초(향초)를 찬 것 같이 하라."

5–6

道吾善者는 **是吾賊**이요 **道吾惡者**는 **是吾師**니라.

도오선자는 **시오적**이요 **도오악자는 시오사**니라.

나의 착함을 말하는 자는 나를 해치는 사람이요, 나의 악함을 말하는 자는 나의 스승이다.

5–7

太公이 **曰**, **勤爲無價之寶**요 **愼是護身之符**니라.

태공이 **왈, 근위무가지보**요 **신시호신지부**니라.

강태공이 말하였다. "부지런함은 값으로 헤아리기 어려운 보배이고, 신중함은 몸을 보호해주는 신표이다."

5–8

景行錄에 **曰**, **保生者**는 **寡慾**하고 **保身者**는 **避名**이니 **無慾**은 **易**나 **無名**은 **難**이니라.

경행록에 **왈, 보생자**는 **과욕**하고 **보신자**는 **피명**이니 **무욕**은 **이**나 **무명**은 **난**이니라.

경행록에서 말하였다. "삶을 보전하려는 자는 욕심을 적게 가지고, 몸을 보호하는 자는 명예를 피할 것이니, 욕심을 없애기는 쉬우나, 명예 없이 살기란 어렵다."

5–9

子曰, 君子有三戒하니 少之時엔 血氣未定이라. 戒之在色하고 及其壯也하여는 血氣方剛이라. 戒之在鬪하고 及其老也하여는 血氣旣衰라 戒之在得이니라.

자왈, 군자유삼계하니 **소지시**엔 **혈기미정**이라 **계지재색**하고 **급기장야**하여는 **혈기방강**이라. **계지재투**하고 **급기로야**하여는 **혈기기쇠**라 **계지재득**이니라.

공자께서 말씀하셨다, "군자에게는 세 가지 경계할 것이 있으니, 젊을 때에는 혈기가 안정되지 않았으니 여색을 경계하고, 장성한 때에는 혈기가 강성한지라 싸움을 경계하고, 늙었을 때에는 혈기가 이미 쇠퇴하니 재물을 탐하는 것을 경계해야 한다."

5–10

孫眞人의 養生銘에 云, 怒甚偏傷氣요 思多太損神이라. 神疲心易役이요 氣弱病相因이라. 勿使悲歡極하고 當令飮食均하며 再三防夜醉하고 第一戒晨嗔하라.

손진인[19]의 **양생명**에 **운, 노심편상기**요 **사다태손신**이라. **신피심이역**이요 **기약병상인**이라. **물사비환극**하고 **당령음식균**하며 **재삼방야취**하고 **제일계신진**하라.

손진인의 양생명에 이르기를, "화냄이 심하면 기가 치우쳐져서 상하게 되고, 생각이 많으면 정신을 크게 손상한다. 정신이 피로하면 마음이 쉽게 부림을 당하고, 기운이 약하면 병이 잇달아 일어난다. 슬픔과 기쁨을 지나치게 하지 말고, 마땅히 음식을 고르게 먹으며. 밤에 자주 술 취하지 않도록 하고, 새벽에 화내는 것을 가장 조심하라."

5–11

景行錄에 曰, 食淡精神爽이요 心淸夢寐安이니라.

경행록에 **왈, 식담정신상**이요 **심청몽매안**이니라.

경행록에서 말하였다. "먹는 것이 담박하면(맵지도 않고 달지도 않고 맑고 깨끗하면) 정신이 상쾌할 것이고, 마음이 맑으면 꿈과 잠자리가 편하다."

---

19 도교에서 받드는 손씨 성의 신선. 진인은 도교에서 최고 경지의 이상형으로 여기서는 구체적으로 누구인지는 알 수 없지만 당데의 신선가(神仙家)인 손사막(孫思邈)을 가리키는 듯하다.

5-12

定心應物하면 **雖不讀書**라도 **可以爲有德君子**니라.

정심응물하면 **수부독서**라도 **가이위유덕군자**니라.

마음을 안정시키고 일에 응대한다면 비록 독서를 하지 않더라도 그를 덕이 있는 군자라고 할 수 있다.

5-13

近思錄에 **云**, **懲忿**을 **如救火**하고 **窒慾**을 **如防水**하라.

근사록[20]에 **운**, **징분**을 **여구화**하고 **질욕**을 **여방수**하라.

근사록에 이르기를, "분함을 억누르는 것을 불을 끄는 것 같이하고, 욕심을 막기를 물을 막는 것처럼 하라."

5-14

夷堅志에 **云**, **避色**을 **如避讐**하고 **避風**을 **如避箭**하며 **莫喫空心茶**하고 **少食中夜飯**하라.

이견지에 **운**, **피색**을 **여피수**하고 **피풍**을 **여피전**하며 **막끽공심다**하고 **소식중야반**하라.

---

20 송(宋)나라 때 洪邁(홍매)가 저술한 신선·귀신 등 괴이한 일들을 모은 420권으로 된 책이다.

이견지에 이르기를, “여색 피하기를 원수 피하듯이 하고, 바람(불륜) 피하기를 화살 피하듯이 하며, 빈 속에 차를 마시지 말고, 밤중에는 음식을 적게 먹어야 한다.”

5-15

荀子가 **曰, 無用之辯**과 **不急之察**을 **棄而勿治**하라.

순자[21]가 **왈, 무용지변**과 **불급지찰**을 **기이물치**하라.

순자께서 말씀하셨다. “쓸모없는 말과 급하지 않은 일에 대한 살핌은 내버려두고 다스리지 말라.”

5-16

子曰, 衆이 **好之**라도 **必察焉**하며 **衆**이 **惡之**라도 **必察焉**이니라.

자왈, 중이 **호지**라도 **필찰언**하며 **중**이 **오지**라도 **필찰언**이니라.

공자께서 말씀하셨다. “여러 사람이 좋다고 하더라도 반드시 살펴야하며, 여러 사람이 미워하더라도 반드시 살펴보아야 한다.”

---

21 (B.C 298~B.C 238) 고대 중국의 전국시대 말기의 유교 사상가이자 학자로 이름은 순황(荀況)이며 전한 선제의 이름이 비슷하였고, 이를 피하기를 위해서 손황(孫況)이라고도 불렀다. 경칭으로 순경(荀卿) 또는 손경자(孫卿子)로도 불린다.

5-17

酒中不語는 眞君子요 財上分明은 大丈夫니라.

주중불어는 **진군자**요 **재상분명**은 **대장부**니라.

술에 취해서도 말하지 않는 것은 참된 군자요, 재물에 대해 분명히 하는 것은 대장부이다.

5-18

萬事從寬이면 其福自厚니라.

만사종관이면 **기복자후**니라.

모든 일을 너그럽게 한다면 그 복이 저절로 두터워진다.

5-19

太公이 曰, 欲量他人인대 先須自量하라. 傷人之語는 還是自傷이니 含血噴人이면 先汚其口니라.

태공이 **왈, 욕량타인**인대 **선수자량**하라. **상인지어**는 **환시자상**이니 **함혈분인**이면 **선오기구**니라.

태공께서 말씀하셨다. "남을 헤아리려면 모름지기 자신부터 먼저 헤아려야 할 것이다. 남을 해치는 말은 도리어 스스로를 해치는 것이요, 피를 머금어 남에게 뿜는 것은 먼저 자신의 입을 더럽히는 것이다."

5-20

凡戲는 無益이고 惟勤有功이니라.

범희는 **무익**이고 **유근유공**이니라.

무릇 노는 것은 이로움이 없고, 오직 부지런한 것은 보람이 있는 것이다.

5-21

太公이 曰, 瓜田에 不納履하고 李下에 不整冠이니라.

태공이 **왈, 과전**에 **불납리**하고 **이하**에 **부정관**이니라.

태공께서 말씀하셨다. "오이밭에서는 신을 고쳐 신지 말고, 자두나무 아래에서는 갓을 고쳐 쓰지 말라."

5-22

景行錄에 曰, 心可逸이언정 形不可不勞요 道可樂이언정 身不可不憂니 形不勞則怠惰易弊하고 身不憂則荒淫不定이라. 故로 逸生於勞而常休하고 樂生於憂而無厭하나니 逸樂者는 憂勞를 其可忘乎아.

경행록에 **왈, 심가일**이언정 **형불가불로**요 **도가락**이언정 **신불가불우**니 **형불로즉태타이폐**하고 **신불우즉황음부정**이라. **고**로 **일생어로이상휴**하고 **낙생어우이무염**하나니 **일락자**는 **우로**를 **기가망호**아.

경행록에 이르기를, "마음은 편하게 할 수 있을지언정 형체(몸)는 일하지 않을 수 없으며, 도는 즐길 수 있지만 몸은 근심하지 않을 수 없으니, 몸이 수고롭지 않으면 게을러져 폐단이 되기 쉽고, 마음을 근심케 하지 않으면 거칠고 음란해져 안정되지 않는다. 그러므로 편안함은 수고로운 가운데 생겨야 기쁜 것이며, 즐거움은 근심하는 가운데 생겨야 싫증을 느끼지 않게 되는 것이니, 편안함과 즐거움을 즐기는 사람이 근심과 수고로움을 어찌 잊을 수 있겠는가?"

5-23

耳不聞人之非하고 目不視人之短하며 口不言人之過라야 庶幾君子니라.

이불문인지비하고 **목불시인지단**하며 **구불언인지과**라야 **서기군자**니라.

귀로는 남의 잘못을 듣지 않고, 눈으로는 남의 단점을 보지 않으며, 입으로는 남의 허물을 말하지 않아야 거의 군자에 가깝다고 할 수 있다.

5-24

蔡伯喈가 曰, 喜怒는 在心하고 言出於口하나니 不可不愼이니라.

채백계[22]가 **왈, 희로**는 **재심**하고 **언출어구**하나니 **불가불신**이니라.

채백개가 말하였다. "기쁨과 노여움은 마음 속에 있고, 말은 입에서 나오는 것이니 조심하지 않을 수 없다."

5-25

宰予[23]晝寢이어늘 子曰, 朽木은 不可雕也요 糞土之墻은 不可圬也니라.

재여주침이어늘 **자왈, 후목**은 **불가조야**요 **분토지장**은 **불가오야**니라.

재여가 낮잠을 자거늘, 공자께서 말씀하셨다. "썩은 나무로는 조각할 수 없으며, 썩은 흙으로 쌓은 담장은 흙손질을 할 수 없다."

5-26

紫虛元君의 誠諭心文에 曰, 福生於清儉하고 德生於卑退하며 道生於安靜하고 命生於和暢하며 患生於多慾하고 禍生於多貪하며 過生於輕慢하고 罪生於不仁이라.

---

22 채백계(132~192) 후한(後漢)의 학자, 문인, 서예가이며 이름은 옹(邕)이고, 백개는 자이다. 비자체(飛自體)의 창시자이며, 저서로는 조정의 제도와 칭호에 대한 기록인 독단(獨斷)과 시문집 채중랑집(蔡中郎集)이 있다.

23 성(姓)은 재(宰), 이름은 여(予), 자는 자아(子我)이다. 노나라 출신으로 공문십철(孔門十哲)의 한 사람으로서 자공과 함께 변론의 달인으로 평가받았다.

자허원군[24]의 **성유심문**에 **왈, 복생어청검**하고 **덕생어비퇴**하며 **도생어안정**하고 **명생어화창**하며 **환생어다욕**하고 **화생어다탐**하며 **과생어경만**하고 **죄생어불인**이라.

자허원군의 성유심문에서 말하였다. "복(福)은 청렴하고 검소함에서 생기고, 덕(德)은 낮추고 물러남에서 생기며, 도(道)는 편안하고 고요한 가운데서 생기고, 명(命)은 화창한 가운데서 생기며, 근심은 욕심이 많은 데서 생기고, 재앙(禍)은 탐욕이 많은 데서 생기며, 허물(過失)은 경솔하고 교만한 가운데서 생기고, 죄악(罪)은 어질지 못한 데서 생긴다.

戒眼하여 莫看他非하고 戒口하여 莫談他短하고 戒心하여 莫自貪嗔하고 戒身하여 莫隨惡伴하며 無益之言을 莫妄說하고 不干己事를 莫妄爲하며 尊君王, 孝父母하고 敬尊長, 奉有德하고 別賢愚, 恕無識하며 物順來而勿拒하고 物旣去而勿追하며 身未遇而勿望하고 事已過而勿思하라.

계안하여 **막간타비**하고 **계구**하여 **막담타단**하고 **계심**하여 **막자탐진**하고 **계신**하여 **막수악반**하며 **무익지언**을 **막망설**하고 **불간기사**를 **막망위**하며 **존군왕, 효부모**하고 **경존장, 봉유덕**하고 **별현우, 서무식**하며 **물순래이물거**하고 **물기거이물추**하며, **신미우이물망**하고 **사이과이물사**하라.

24 위부인(魏夫人)을 가리키는 말로 이름은 화존(華存)이며 자는 현안(賢安)으로 원군(元君)은 도교에서 받드는 여자 신선을 말한다. 위부인은 진(晉)의 사도(司徒)인 위서(魏舒)의 딸로 어려서부터 도교를 좋아했다고 한다.

눈을 조심하여 남의 잘못을 보지 말고, 입을 조심하여 남의 단점을 말하지 말고, 마음을 조심하여 탐내고 성내지 말고, 몸을 조심하여 나쁜 친구를 따르지 말며, 유익하지 않은 말을 함부로 하지 말고, 자기와 관련 없는 일을 함부로 말하지 말며, 임금을 받들고 부모에게 효도하고, 어른을 공경하고 덕이 있는 자를 받들고, 현명한 사람과 어리석은 사람을 분별하되 어리석은 사람을 용서하며, 일이 순리대로 오거든 막지 말고, 일이 이미 지나갔으면 쫓지 말며. 자신이 아직 때를 만나지 못했다면 바라지 말고, 일이 이미 지나갔거든 생각하지 말라.

聰明도 多暗昧요 算計도 失便宜니라 損人終自失이요 依勢禍相隨라 戒之在心하고 守之在氣라 爲不節而亡家하고 因不廉而失位니라 勸君自警於平生하노니 可歎可驚而可畏니라 上臨之以天鑑하고 下察之以地祇라 明有王法相繼하고 暗有鬼神相隨라 惟正可守요 心不可欺니 戒之戒之하라.

총명도 **다암매**요 **산계**도 **실편의**니라 **손인종자실**이요 **의세화상수**라 **계지재심**하고 **수지재기**라 **위부절이망가**하고 **인불렴이실위**니라 **권군자경어평생**하노니 **가탄가경이가외**니라 **상임지이천감**하고 **하찰지이지지**라 **명유왕법상계**하고 **암유귀신상수**라 **유정가수**요 **심불가기**니 **계지계지**하라.

총명하다 해도 어둡고 어리석은 것이 많으며, 계획을 세워서 한다 해도 편의를 잃을 수 있는 것이다. 남에게 손해를 입히면 마침내 자신도 손해를 입을 것이요, 권세에 의존하면 재앙이 서로 따르게 된다. 경계하는 것은 마음에 있는 것이고, 지키는 것은 기운에 있는 것이다.

절약하지 않으면 집안을 망치고, 청렴하지 못하면 지위를 잃는다. 그대에게 평생 스스로 경계하기를 권하니, 탄식하고, 놀랄 만하며, 두려워할 만한 것이다. 위로는 하늘의 거울이 비추어 살피고, 아래로는 땅의 신이 살피신다. 밝은 곳에서는 임금의 법이 이어지고, 어두운 곳에서는 귀신이 서로 따르고 있으니, 오직 바른 것을 지키고, 마음을 속이지 말 것이니, 경계하고 또 경계하라.

第6 安分篇 (안분편)

분수에 만족하라

6-1

景行錄에 云 知足可樂이요 務貪則憂니라.

경행록에 **운 지족가락**이요 **무탐즉우**니라.

경행록에 이르기를, "만족함을 알면 즐거울 것이고, 탐욕에 힘쓰면 근심하게 된다."

6-2

知足者는 貧賤亦樂이요 不知足者는 富貴亦憂니라.

지족자는 **빈천역락**이요 **부지족자**는 **부귀역우**니라.

만족함을 아는 사람은 가난하고 미천해도 또한 즐겁고, 만족함을 모르는 사람은 부귀해도 또한 근심한다.

6-3

濫想은 徒傷神이요 妄動은 反致禍니라.

남상은 **도상신**이요 **망동**은 **반치화**니라.

정도에 지나친 생각은 다만 정신을 상하게 하며, 망령된 행동은 도리어 재앙에 이르게 된다.

6-4

知足常足이면 **終身不辱**하고 **知止常止**면 **終身無恥**니라.

지족상족이면 **종신불욕**하고 **지지상지**면 **종신무치**니라.

만족함을 알아서 항상 만족하면 평생토록 욕되지 아니하고, 그칠 바를 알아서 항상 그친다면 종신토록 부끄러움이 없을 것이다.

6-5

書에 **曰**, **滿招損**하고 **謙受益**이니라.

서[25]에 **왈, 만초손**하고 **겸수익**이니라.

서경에 이르기를, "가득차면 손해를 부르고, 겸손하면 이익을 얻는다."

25 유학(儒學)의 기본 경전인 오경(五經)의 하나로 공자가 상고(上古)의 성왕(聖王)인 요임금과 순임금 때부터 주나라에 이르기까지의 여러 제왕들의 정사(政事)에 관한 문서를 수집하여 편찬한 책이다. 중국에서 가장 오래된 경전으로 20권 58편으로 되어 있다.

6-6

安分吟에 **曰**, **安分身無辱**이요 **知機心自閑**이라 **雖居人世上**이나 **却是出人間**이니라.

안분음[26]에 **왈**, **안분신무욕**이요 **지기심자한**이라 **수거인세상**이나 **각시출인간**이니라.

안분음에 말하였다, "편안한 마음으로 분수를 지키면 몸에 욕됨이 없을 것이고, 형편을 알면 마음이 저절로 한가로워진다. 비록 인간 세상에 살지라도, 이것은 도리어 인간 세상을 벗어난 것이다."

6-7

子曰 不在其位하여는 **不謀其政**이니라.

자왈 부재기위하여는 **불모기정**이니라.

공자께서 말씀하셨다. "그 지위에 있지 않으면 다스림에 대해 이야기하지 않아야 한다."

26 송(宋) 때의 안분시(安分詩)를 말하는데 저자는 미상이며, 원본인 청주본(淸州本)에는 격양시(擊壤詩)로 표시되어 있다.

第7 存心篇 (존심편)

마음을 보전하라

7–1

景行錄에 云, 坐密室을 如通衢하고 馭寸心을 如六馬면 可免過니라.

경행록에 **운, 좌밀실**을 **여통구**하고 **어촌심**을 **여육마**면 **가면과**니라.

경행록에 이르기를, "사방이 막힌 방에 앉아 있더라도 길거리와 통한 듯이 하고, 작은 마음을 다스리기를 여섯 마리의 말을 부리듯이 하면 허물을 면할 수 있다."

7–2

擊壤詩에 云, 富貴를 如將智力求면 仲尼年少合封侯라 世人은 不解青天意하고 空使身心半夜愁니라.

격양시에 **운, 부귀**를 **여장지력구**면 **중니년소합봉후**라 **세인**은 **불해청천의**하고 **공사신심반야수**니라.

격양시에 이르기를, "부귀를 지혜와 힘으로 구할 수 있다면, 공자(仲尼)는 어린나이에 벌써 제후에 봉해졌을 것이다. 세상 사람들은 푸른 하늘의 뜻을 이해하지 못하고 헛되이 한밤중까지 몸과 마음을 근심하게 한다."

7-3

范忠宣公이 **戒子弟曰, 人雖至愚**나 **責人則明**하고 **雖有聰明**이나 **恕己則昏**이니 **爾曹**는 **但常以責人之心**으로 **責己**하고 **恕己之心**으로 **恕人**이면 **則不患不到聖賢地位也**니라.

범충선공[27]이 **계자제왈, 인수지우**나 **책인즉명**하고 **수유총명**이나 **서기즉혼**이니 **이조**는 **단상이책인지심**으로 **책기**하고 **서기지심**으로 **서인**이면 **즉불환부도성현지위야**니라.

범충선공이 자제에게 훈계하여 말하였다. "사람이 비록 지극히 어리석어도 남을 꾸짖는 데는 밝고, 비록 총명함은 있더라도 자기를 용서하는 데는 어두우니, 너희들은 다만 항상 남을 꾸짖는 마음으로 자신을 꾸짖고, 자신을 용서하는 마음으로 남을 용서한다면 성현의 경지에 이르지 못함을 걱정하지 않아도 된다."

7-4

子曰, 聰明思睿라도 **守之以愚**하고 **功被天下**라도 **守之以讓**하며 **勇力振世**라도 **守之以怯**하고 **富有四海**라도 **守之以謙**이니라.

자왈 총명사예라도 **수지이우**하고 **공피천하**라도 **수지이겸**하며 **용력진세**라도 **수지이겁**하고 **부유사해**라도 **수지이겸**이니라.

---

27 (1088~1089) 북송(宋) 철종(哲宗) 때의 재상으로 이름은 순인(純仁)이며, 자는 요부(堯夫) 시호는 충선(忠宣)으로 인종(仁宗) 때의 명신 범중엄(范仲淹)의 둘째 아들이다.

공자께서 말씀하셨다. "총명하고 생각이 밝아도 이를 어리석음으로 지켜야하고, 공(功)이 천하를 덮을지라도 겸양으로 지키며, 용기와 힘이 세상에 떨칠지라도 이를 두려움으로 지켜야하고, 부유함이 온 세상에 있을지라도 겸손으로 지켜야 한다."

7-5

素書에 云, 薄施厚望者는 不報하고 貴而忘賤者는 不久니라.

소서[28]에 **운, 박시후망자**는 **불보**하고 **귀이망천자**는 **불구**니라.

소서에서 말하였다. "야박하게 베풀고서 많은 것을 바라는 자는 보답이 없고, 귀해졌다고 하여 비천했던 때를 잊은 사람은 오래 가지 못한다."

7-6

施恩이어든 勿求報요 與人이어든 勿追悔하라.

시은이어든 **물구보**요 **여인**이어든 **물추회**하라.

은혜를 베풀었거든 보답을 구하지 말고, 남에게 주었거든 더 이상 쫓아 후회하지 말라.

---

28 송대의 학자 장상영(張商英)이 황석공(黃石公)에게 가탁(假託)하여 지은 책으로 내용은 주로 도가적인 것으로 유(柔)로써 강(剛)을 제압하고 물러남으로써 나아간다는 이치를 강조하였다.

7-7

孫思邈이 **曰, 膽欲大而心欲小**하고 **知欲圓而行欲方**이니라.

손사막[29]이 **왈, 담욕대이심욕소**하고 **지욕원이행욕방**이니라.

손사막이 말하였다. "담력은 크게 하고자 하되, 마음은 섬세하게 가지도록 하고, 지혜는 원만하게 하고자 하되, 행동은 반듯하게 해야 한다."

7-8

念念要如臨戰日하고 **心心常似過橋時**니라.

염염요여임전일하고 **심심상사과교시**니라.

모든 생각은 요컨대 전쟁에 임한 날처럼 해야 하고, 모든 마음은다리를 건너는 때처럼 해야 한다.

7-9

懼法朝朝樂이고 **欺公日日憂**니라.

구법조조락이요 **기공일일우**니라.

---

29 (581~682)은 중국 산시성에서 태어나 당나라 때 도사, 의사, 연금술사, 의학자로 활동하였다. 의술이 대단하여 약신(藥神), 약왕(藥王)이라 불렸다. 도가에 몰두하기도 하였다.

법을 두려워하면 아침마다 즐겁고, 나랏일을 속이면 날마다 근심하게 된다.

7-10

朱文公이 **曰**, **守口如甁**하고 **防意如城**하라.

주문공[30]이 **왈**, **수구여병**하고 **방의여성**하라.

주문공께서 말씀하셨다. "입을 지키기를 병(甁)과 같이 하고 뜻을 막기를 성(城)을 지키는 것처럼 하라."

7-11

心不負人이면 **面無慙色**이니라.

심불부인이면 **면무참색**이니라.

진심으로 남을 저버리지 않는다면 얼굴에 부끄러운 빛이 없다.

7-12

人無百歲人이나 **枉作千年計**니라.

30 (1130~1200) 주자학을 집대성하여 중국 사상계에 가장 큰 영향을 미쳤다. 주희는 논어와 맹자에 관한 집주(集注)를 저술하면서 자신의 철학적 사상을 나타냈는데, 중국 · 한국 · 일본 등의 지식인 사회에 영향을 미쳤다.

인무백세인이나 **왕작천년계**니라.

사람 중에 백세를 사는 사람이 없으나, 천년의 계획을 헛되이 세운다.

7-13

寇萊公의 六悔銘에 云, 官行私曲失時悔요 富不儉用貧時悔요 藝不少學過時悔요 見事不學用時悔요 醉後狂言醒時悔요 安不將息病時悔니라.

구래공[31]의 **육회명**에 **운, 관행사곡실시회**요 **부불검용빈시회**요 **예불소학과시회**요 **견사불학용시회**요 **취후광언성시회**요 **안불장식병시회**니라.

구래공의 육회명에서 말하였다. "벼슬할 때 사사로이 그릇된 일을 행하면 벼슬을 잃었을 때 뉘우칠 것이고, 부유할 때 검소하지 않으면 가난해질 때 뉘우칠 것이고, 젊을 때 기예를 배우지 않으면 때가 지난 뒤에 뉘우칠 것이고, 일을 보고도 배우지 않으면 필요할 때 뉘우칠 것이고, 술에 취한 후에 함부로 말하면 술이 깨었을 때 후회할 것이고, 몸이 편안할 때 조심하지 않으면 병이 든 후에 후회하게 된다."

7-14

益智書에 云, 寧無事而家貧이언정 莫有事而家富요 寧無

31 (961~1023) 중국 북성의 정치가로 이름은 준(準) 자는 평중(平仲)이며 시호는 충민(忠愍) 래국공(萊國公)에 봉해졌으므로 '구래공'이라고 한다.

事而住茅屋이언정 不有事而住金屋이요 寧無病而食麁飯이언정 不有病而服良藥이니라.

익지서에 **운, 영무사이가빈**이언정 **막유사이가부**요 **영무사이주모옥**이언정 **불유사이주금옥**이요 **영무병이식추반**이언정 **불유병이복양약**이니라.

익지서에 이르기를, "차라리 아무 일 없이 집이 가난할지언정 문제가 있으면서 집이 부유하게 되지는 말 것이고, 차라리 아무 일 없이 초가집에 살지언정 문제가 있으면서 호화로운 집에 살지 말 것이고, 차라리 병이 없으면서 거친 밥을 먹을지언정 병이 있으면서 좋은 약을 먹지 말라."

7-15

心安茅屋穩이요 性定菜羹香이니라.

심안모옥은이요 **성정채갱향**이니라.

마음이 편안하면 초가집도 편안할 것이고, 성품이 안정되면 나물국도 향기롭다.

7-16

景行錄에 云, 責人者는 不全交요 自恕者는 不改過니라.

경행록에 **운, 책인자**는 **불전교**요 **자서자**는 **불개과**니라.

경행록에 이르기를, "남을 꾸짖는 자는 사귐을 온전히 하지 못하며, 스스로를 용서하는 자는 (자신의) 허물을 고치지 못한다."

7-17

夙興夜寐하여 所思忠孝者는 人不知나 天必知之요 飽食煖衣하여 怡然自衛者는 身雖安이나 其如子孫에 何오.

숙흥야매하여 **소사충효자**는 **인부지**나 **천필지지**요 **포식난의**하여 **이연자위자**는 **신수안**이나 **기여자손**에 **하**오.

일찍 일어나 밤 늦게 잘 때까지 충효를 생각하는 사람은 남이 비록 알아주지 않더라고 하늘은 반드시 알아줄 것이고, 배불리 먹고 따뜻하게 옷을 입고서 편안하게 자신만을 지키는 사람은 몸은 비록 편안하더라도 그 자손은 어찌될 것인가?

7-18

以愛妻子之心으로 事親이면 則曲盡其孝요 以保富貴之心으로 奉君이면 則無往不忠이요 以責人之心으로 責己이면 則寡過요 以恕己之心으로 恕人이면 則全交니라.

이애처자지심으로 **사친**이면 **즉곡진기효**요 **이보부귀지심**으로 **봉군**이면 **즉무왕불충**이요 **이책인지심**으로 **책기**이면 **즉과과**요 **이서기지심**으로 **서인**이면 **즉전교**니라.

아내와 자녀를 사랑하는 마음으로 부모를 섬긴다면 그 효도를 극진히 하는 것고, 부귀를 보전하는 마음으로 임금을 받들면 언제라도 충성하지 않음이 없을 것이고, 남을 꾸짖는 마음으로 자기를 꾸짖으면 허물이 적을 것이고, 나를 용서하는 마음으로 타인을 용서하면 사귐이 온전할 것 있다.

7-19

爾謀不臧이면 **悔之何及**이며 **爾見不長**이면 **敎之何益**이리오 **利心專則背道**요 **私意確則滅公**이니라.

이모부장이면 **회지하급**이며 **이견부장**이면 **교지하익**이리오 **이심즉배도**요 **사의확즉멸공**이니라.

너의 도모함이 좋지 않으면 후회한들 어디에 이를 것이며, 너의 보는 것이 훌륭하지 못하면 가르친들 무슨 이로움이 있겠는가? 이익을 바라는 마음만 오로지 있으면 도리에 어긋나게 되고, 사사로운 뜻이 굳으면 공적인 것을 위하는 마음이 사라진다.

7-20

生事事生하고 **省事事省**이니라.

생사사생하고 **생사사생**이니라.

일을 만들면 일이 생기고, 일을 줄이면 일이 줄어든다.

第8 戒性篇 (계성편)

성품을 경계하라

8-1

景行錄에 云, 人性이 如水하여 水一傾則不可復이요 性一縱則不可反이니 制水者는 必以提防하고 制性者는 必以禮法이니라.

경행록에 **운**, **인성**이 **여수**하여 **수일경즉불가복**이요 **성일종즉불가반**이니 **제수자**는 **필이제방**하고 **제성자**는 **필이예법**이니라.

경행록에 이르기를, "사람의 성품은 물과 같아서 물이 한 번 엎질러지면 다시 담을 수 없듯이 성품이 한 번 방종해지면 되돌릴 수 없다. 물을 막으려는 사람은 반드시 둑으로써 하며, 성품을 다스리려는 사람은 반드시 예법으로써 하여야 한다."

8-2

忍一時之忿이면 免百日之憂니라.

인일시지분이면 **면백일지우**니라.

한 때의 화냄을 참으면 백일의 근심을 면한다.

8-3

得忍且忍이요 得戒且戒하라 不忍不戒면 小事成大니라.

득인차인이요 **득계차계**하라 **불인불계**면 **소사성대**니라.

참을 수 있으면 또한 참고, 조심할 수 있으면 또한 조심하라. 참지 않고, 조심하지 않으면 작은 일도 크게 된다.

8-4

愚濁生嗔怒는 皆因理不通이라 休添心上火하고 只作耳邊風하라 長短은 家家有요 炎凉은 處處同이라. 是非無實相하여 究竟摠成空이니라.

우탁생진노는 **개인리불통**이라 **휴첨심상화**하고 **지작이변풍**하라 **장단**은 **가가유**요 **염량**은 **처처동**이라. **시비무실상**하여 **구경총성공**이니라.

어리석고 사리분별이 흐린 사람이 화를 내는 것은 모두 일의 이치가 통하지 못함에 있는 것이니, 마음 위에 불을 더하지 말고, 다만 귓가를 스치는 바람쯤으로 여길 것이다. 좋은 점과 나쁜 점은 집집마다 있기 마련이고, 따뜻하고 서늘한 것은 어느 곳이나 같다. 옳고 그름은 본래 실체가 없어서 마침내 모두가 부질없는 것이 된다.

8-5

子張이 欲行에 辭於夫子할새 願賜一言爲修身之美하노이다. 子曰, 百行之本이 忍之爲上이니라. 子張曰, 何爲忍之닛고 子曰, 天子忍之면 國無害하고 諸侯忍之면 成其大하며 官吏忍之면 進其位하고 兄弟忍之면 家富貴하며 夫妻忍之면 終其世하고 朋友忍之면 名不廢하고 自身忍之면 無禍害니라.

자장[32]이 **욕행**에 **사어부자**할새 **원사일언위수신지미**하노이다. **자왈, 백행지본**이 **인지위상**이니라. **자장왈, 하위인지**닛고 **자왈, 천자인지**면 **국무해**하고 **제후인지**면 **성기대**하며 **관리인지**면 **진기위**하고 **형제인지**면 **가부귀**하며 **부처인지**면 **종기세**하고 **붕우인지**면 **명불폐**하고 **자신인지**면 **무화해**니라.

자장이 떠나고자 하여 공자께 하직을 아뢰면서 말하기를, "몸을 닦는데 아름다운 한 말씀을 해주시길 원합니다." 공자께서 말씀하셨다. "모든 행실의 근본은 참는 것이 으뜸이다." 자장이 말하기를, "어째서 참아야 하는 것입니까?" 공자께서 말씀하셨다. "천자가 참으면 나라에 해로움이 없으며, 제후가 참으면 큰 일을 이루며, 관리가 참으면 지위가 올라가게 되고, 형제가 참으면 집안이 부귀해지며, 부부가 참으면 평생을 함께할 것이고, 벗끼리 참으면 우정이 없어지지 않으며, 자신이 참으면 근심과 해로움이 없게 된다."

---

32 (B.C 503~?) 공자의 제자로 중국 춘추시대의 유학자이며 성은 전손(顓孫)이고 이름은 사(師), 자장은 그의 자이며 언변이 탁월했다.

8–6

子張이 曰, 不忍則何如닛고 子曰, 天子不忍이면 國空虛하고 諸侯不忍이면 喪其軀하며 官吏不忍이면 刑法誅하고 兄弟不忍이면 各分居하며 夫妻不忍이면 令子孤하고 朋友不忍이면 情意疎하며 自身不忍이면 患不除니라. 子張이 曰, 善哉善哉라 難忍難忍이여 非人이면 不忍이요 不忍이면 非人이로다.

자장이 **왈, 불인즉여하**닛고 **자왈, 천자불인**이면 **국공허**하고 **제후불인**이면 **상기구**하며 **관리불인**이면 **형법주**하고 **형제불인**이면 **각분거**하며 **부처불인**이면 **영자고**하고 **붕우불인**이면 **정의소**하며 **자신불인**이면 **환부제**니라. **자장**이 **왈, 선재선재**라 **난인난인**이여 **비인**이면 **불인**이요 **불인**이면 **비인**이로다.

자장이 말하였다. "참지 않으면 어떻게 됩니까?" 공자께서 말씀하셨다. "천자가 참지 않으면 나라가 텅비게 되고, 제후가 참지 않으면 그 몸을 잃게 되며, 관리가 참지 않으면 형법으로 죽게 되고, 형제가 참지 않으면 각자 따로 살게 되며, 부부가 참지 않으면 자식을 고아로 만들고, 친구끼리 참지 않으면 정이 소원해지며, 자신이 참지 않으면 근심이 없어지지 않는다." 자장이 말하였다. "참으로 좋은 말씀입니다. 참는 것은 어렵고도 어려운 일입니다. 사람이 아니면 참지 못할 것이고, 참지 않으면 사람이 아닙니다."

8-7

景行錄에 云, 屈己者는 能處重하고 好勝者는 必遇敵이니라.

경행록에 **운, 굴기자**는 **능처중**하고 **호승자**는 **필우적**이니라.

경행록에 이르기를, "자신을 굽히는 사람은 중요한 자리에 있을 수 있고, 이기는 것을 좋아하는 사람은 반드시 적을 만나게 된다."

8-8

惡人이 罵善人이어든 善人은 摠不對하라 不對는 心淸閑이요 罵者는 口熱沸라 正如人唾天하여 還從己身墜니라.

악인이 **매선인**이어든 **선인**은 **총부대**하라 **부대**는 **심청한**이요 **매자**는 **구열비**라 **정여인타천**하여 **환종기신추**니라.

악한 사람이 착한 사람을 꾸짖거든 착한 사람은 아무런 대꾸도 하지 말라. 대꾸하지 않으면 마음이 맑고 한가롭게 되며, 꾸짖는 자의 입만 뜨겁게 끓을 뿐이니, 마치 사람이 하늘에 침을 뱉으면 도로 자기 몸을 따라 떨어지는 것과 같다.

8-9

我若被人罵라도 佯聾不分說하라 譬如火燒空하여 不救自然滅이니 我心은 等虛空이어늘 摠爾飜唇舌이니라.

아약피인매라도 **양롱불분설**하라 **비여화소공**하여 **불구자연멸**이니 **아심**은 **등허공**이어늘 **총이비순설**이니라.

내가 만약 남에게 꾸짖음을 당하더라도 거짓 귀먹은 체하며 따지지 말라. 비유하건대 마치 불이 허공을 태우는 것과 같으니 끄지 않아도 저절로 꺼지는 것과 같다. 내 마음이 허공과 같으니 모두 입술과 혀를 놀리는 것일 뿐이다.

8-10

凡事留人情, 後來好相見。

범사에 **유인정**이면 **후래**에 **호상견**이니라.

모든 일에 인정을 남겨두면 나중에 서로 좋은 만남을 보게 된다.

第9 勤學篇 (근학편)

부지런히 배워라

9–1

子夏曰, 博學而篤志하고 切問而近思면 仁在其中矣니라.

자하왈[33]**, 박학이독지**하고 **절문이근사**면 **인재기중의**니라.

자하께서 말씀하였다. "널리 배워서 뜻을 두텁게 하고, 묻기를 절실히 하며, 생각을 가까이 하면 인(仁)이 그러한 가운데에 있다."

9–2

莊子가 曰, 人之不學은 若登天而無術하고 學而智遠이면 若披祥雲而覩青天하고 如登高山而望四海니라.

장자가 **왈 인지불학**은 **여등천이무술**하고 **학이지원**이면 **여피상운이도청천**하고 **등고산이망사해**니라.

장자께서 말씀하셨다. "사람이 배우지 않는 것은 재주 없이 하늘에 오르려는 것과 같고, 배워서 지혜가 원대해지는 것은 상서로운 구름을 헤

33 원문에는 자왈(子曰)로 되어 있으나 논어 자장(子張)에는 자하(子夏)의 말로 되어 있다. (B.C 507~B.C 420?) 성은 복(卜), 이름은 상(商), 자(字)는 자하(子夏)이다. 문학(文學)에 있어서 자유와 함께 공자의 중요한 제자로 집안이 가난하였으나 근면하고 배우기를 좋아했다고 평가된다.

치고 푸른 하늘을 보는 것과 같아서, 마치 높은 산에 올라가 사해(四海)를 바라보는 것과 같다."

9–3

禮記에 曰, 玉不琢이면 不成器요 人不學이면 不知道니라.

예기에 **왈, 옥불탁**이면 **불성기**요 **인불학**이면 **부지도**니라.

예기에 이르기를, "옥은 다듬지 아니하면 그릇이 되지 못 하고, 사람은 배우지 아니하면 도(道)를 알지 못한다."

9–4

太公이 曰, 人生不學이면 冥冥如夜行이니라.

태공이 **왈, 인생불학**이면 **여명명야행**이니라.

태공께서 말씀하셨다. "사람이 살면서 배우지 아니하면 마치 어둡고 어두운 밤에 길을 가는 것과 같다."

9–5

韓文公이 曰, 人不通古今이면 馬牛而襟裾니라.

한문공[34]이 **왈, 인불통고금**이면 **마우이금거**니라.

한문공께서 말씀하셨다. "사람이 옛날과 지금에 통하지 못한다면 말이나 소에게 옷을 입혀 놓은 것과 같다."

9-6

朱文公이 **曰, 家若貧**이라도 **不可因貧而廢學**이요 **家若富**라도 **不可恃富而怠學**이라 **貧若勤學**이면 **可以立身**이요 **富若勤學**이면 **名乃光榮**이라 **惟見學者顯達**이요 **不見學者無成**이라 **學者**는 **乃身之寶**요 **學者**는 **乃世之珍**이라 **是故**로 **學則乃爲君子**요 **不學則爲小人**이니 **後之學者**는 **宜各勉之**니라.

주문공[35]이 **왈 가약빈**이라도 **불가인빈이폐학**이요 **가약부**라도 **불가시부이태학**이라 **빈약근학**이면 **가이입신**이요 **부약근학**이면 **명내광영**이라 **유견학자현달**이요 **불견학자무성**이라 **학자**는 **내신지보**요 **학자**는 **내세지진**이라 **시고**로 **학즉내위군자**요 **불학즉위소인**이니 **후지학자**는 **의각면지**니라.

주문공께서 말씀하셨다. "집이 만약 가난하더라도 가난 때문에 배우기

34 (768~824) 중국 당대의 유학자이며 문학자, 이름은 유(愈)이고 자는 퇴지(退之), 호는 창려(昌黎), 문공은 그의 시호이다. 당송팔대가의 한 사람으로 「창려선생집」이 있다.

35 (1130~1200) 주자학을 집대성하여 중국 사상계에 가장 큰 영향을 미쳤으며, 주희는 〈논어〉와 〈맹자〉에 관한 집주(集注)를 저술하면서 자신의 철학적 사상을 나타냈는데, 중국 · 한국 · 일본 등의 지식인 사회에 영향을 미쳤다.

를 그만두어서는 안 되며, 집이 만약 넉넉하더라도 넉넉한 것을 믿고 배우기를 게을리 해서도 안 된다. 가난하더라도 배우기를 부지런히 하면 출세할 수 있으며, 넉넉하더라도 부지런히 배우면 이름이 이내 빛날 것이다. 오직 배운 사람이 높이 되는 것은 보았으되, 배운 사람이 이루지 못함을 보지는 못했다. 배우는 것은 곧 자신의 보배이고, 배운 사람은 곧 세상의 보배이다. 이런 까닭에 배우면 곧 군자가 되는 것이요, 배우지 아니하면 곧 소인이 되는 것이다. 후세에 배우는 사람들은 각자 마땅히 이에 힘써야 한다."

9-7

徽宗皇帝가 **曰**, **學者**는 **如禾如稻**하고 **不學者**는 **如蒿如草**로다 **如禾如稻兮**여 **國之精糧**이요 **世之大寶**로다 **如蒿如草兮**여 **耕者憎嫌**하고 **鋤者煩惱**로다 **他日面墻**에 **悔之已老**로다.

휘종황제[36]가 **왈**, **학자**는 **여화여도**하고 **불학자**는 **여호여초**로다 **여화여도혜**여 **국지정량**이요 **세지대보**로다 **여호여초혜**여 **경자증혐**하고 **서자번뇌**로다 **타일면장**에 **회지이노**로다.

휘종황제께서 말씀하셨다. "배우는 사람은 곡식과 벼와 같고, 배우지 아니하는 사람은 쑥과 풀과 같다. 곡식과 벼와 같음이여! 나라의 좋은 양식이요, 세상의 큰 보배로다. 쑥 같고 풀 같음이여! 밭 가는 사람이 미

36 (1082~1135) 중국 북송의 제8대 임금으로 이름은 조길(趙佶)이다. 글씨와 그림에 뛰어났다. 간신 채경(蔡京)을 등용해서 정치가 혼란하였고, 금나라 군대에게 잡혀 죽임을 당한다.

워하고 싫어하며, 김매는 사람이 괴로워하는 것이다. 나중에 아무 일도 하지 못하게 되었을 때에 담장에 얼굴을 마주하고 후회해도 이미 늙어 버린 뒤일 것이다."

9-8

論語에 **曰**, **學如不及**이요 **惟恐失之**니라.

논어에 **왈, 학여불급**이요 **유공실지**니라.

논어에 말하였다. "배움에 아직 이르지 못하는 것 같이 하고, 오직 잃을까 두려워 해야 한다."

第10 訓子篇 (훈자편)

자녀를 교육하라

10–1

景行錄에 云, 賓客不來면 門户俗하고 詩書無教면 子孫愚니라.

경행록에 **운, 빈객불래**면 **문호속**하고 **시서무교**면 **자손우**니라.

경행록에 이르기를, "손님이 찾아 오지 않으면 집안이 저속해지고, 시경과 서경을 가르치지 아니하면 자손이 어리석어진다."

10–2

莊子가 曰, 事雖小나 不作이면 不成이요 子雖賢이나 不教면 不明이니라.

장자가 **왈 사수소**나 **부작**이면 **불성**이요 **자수현**이나 **불교면 불명**이니라.

장자께서 말씀하셨다. "일이 비록 작더라도 하지 않으면 이룰 수 없고, 자녀가 비록 어질지라도 가르치지 않으면 현명해지지 못한다."

10-3

漢書에 云, 黃金滿籯이 不如敎子一經이요 賜子千金이 不如敎子一藝니라.

한서[37]에 **운, 황금만영**이 **불여교자일경**이요 **사자천금**이 **불여교자일예**니라.

한서에 이르기를, "황금이 상자에 가득함은 자녀에게 한 권의 경서를 가르치는 것만 못하고, 자녀에게 천금을 주는 것은 자녀에게 한 가지 재주를 가르치는 것만 못하다."

10-4

至樂은 莫如讀書요 至要는 莫如敎子니라.

지락은 **막여독서**요 **지요**는 **막여교자**니라.

지극한 중요한 것은 독서만한 것이 없고, 지극히 중요한 것은 자녀 가르치는 것만 한 것이 없다.

---

37 중국 전한의 사학자 반고(班固)가 편찬한 전한 창건 206년에서 왕망(王莽)의 신나라 멸망 24년까지의 12세(世) 229년 간의 역사를 기록한 역사서로 중국 이십오사(二十五史)에 포함되며 〈전한서〉라고도 한다. 총 100편 120권으로 이루어져 있다.

10-5

呂滎公이 曰, 內無賢父兄하고 外無嚴師友요 而能有成者는 鮮矣니라.

여형공[38]이 **왈, 내무현부형**하고 **외무엄사우**요 **이능유성자**는 **선의**니라.

여형공께서 말씀하였다. "집안에 어진 어버이와 형이 없으며, 밖으로는 엄한 스승과 벗이 없으면 능히 성공을 거둔 사람은 드물다."

10-6

太公이 曰, 男子失教면 長必頑愚하고 女子失教면 長必麁疏니라.

태공이 **왈, 남자실교**면 **장필완우**하고 **여자실교**면 **장필추소**니라.

태공께서 말씀하셨다. "남자가 가르침을 받지 못하면 자라서 반드시 미련하고 어리석어지며, 여자가 가르침을 받지 못하면 자라서 반드시 거칠고 솜씨가 없어진다."

10-7

男年長大어든 莫習樂醉하고 女年長大어든 莫令遊走니라.

---

38 중국 북송(北宋) 때의 성리학자로 이름은 희철(希哲)이고 자는 원명(原明)이다.

남년장대어든 **막습악주**하고 **여년장대**어든 **막령유주**니라.

남자가 자라서 성인이 되면 풍류와 술을 배우지 못하도록 하고, 여자나이가 성인이 되거든 놀러 다니지 못하도록 하라.

10-8

嚴父는 **出孝子**하고 **嚴母**는 **出孝女**니라.

엄부는 **출효자**하고 **엄모**는 **출효녀**니라.

엄한 아버지는 효자를 길러내고, 엄한 어머니는 효녀를 길러낸다.

10-9

憐兒어든 **多與棒**하고 **憎兒**어든 **多與食**하라.

연아어든 **다여봉**하고 **증아**어든 **다여사**하라.

사랑하는 아이에게는 매를 많이 주고, 미워하는 아이에게는 먹을 것을 많이 주어라.

10-10

人皆愛珠玉이나 **我愛子孫賢**이니라.

인개애주옥이나 **아애자손현**이니라.

사람들은 모두 귀중한 구슬과 옥을 사랑하나, 나는 자녀와 손자의 어진 것을 사랑한다.

第11·상 省心篇.上 (성심편.상)

마음을 살펴라

상11-1

景行錄에 云, 寶貨는 用之有盡이나 忠孝는 享之無窮이니라.

경행록에 **운, 보화**는 **용지유진**이나 **충효**는 **향지무궁**이니라.

경행록에 이르기를, "보물이나 재화는 쓰면 다함이 있으나, 충성과 효도는 누려도 끝이 없다."

상11-2

家和貧也好어니와 不義富如何오 但存一子孝니 何用子孫多리오.

가화빈야호어니와 **불의부여하**오 **단존일자효**니 **하용자손다**리오.

집안이 화목하면 가난해도 좋거니와 의롭지 아니하면 부유해진들 무엇하겠는가? 다만 효도하는 자녀가 한 명만 있으면 되는 것이지, 자손이 많아서 무엇하겠는가?

상11-3

父不憂心은 因子孝요 夫無煩惱는 是妻賢이라 言多語失은 皆因酒요 義斷親疎는 只爲錢이라.

부불우심은 **인자효**요 **부무번뇌**는 **시처현**이라 **언다어실**은 **개인주**요 **의단친소**는 **지위전**이라.

아버지가 근심하지 않는 것은 자식이 효도하는 것이기 때문이요, 남편이 번뇌함이 없는 것은 아내가 어질기 때문이다. 말이 많아 실언하는 것은 모두 술이 원인이요, 의가 끊어지고 친함이 멀어지는 것은 다만 돈을 위하기 때문이다.

상11-4

旣取非常樂이어든 須防不測憂니라.

기취비상락이어든 **수방불측우**니라.

이미 보통을 넘는 즐거움을 가졌다면 모름지기 예기치 못할 근심에 대비해야 한다.

상11-5

得寵思辱하고 居安慮危니라.

득총사욕하고 **거안려위**니라.

사랑을 받으면 욕될 것을 생각하고, 편안한 삶에 있어서는 위험이 있는 것을 생각하라.

상11-6

榮輕辱淺하고 利重害深이니라.

영경욕천하고 **이중해심**이니라.

영화로움이 가벼우면 욕됨도 얕고, 이익이 크면 해로움도 깊다.

상11-7

甚愛必甚費요 甚譽必甚毁라 甚喜必甚憂요 甚贓必甚亡이니라.

심애필심비요 **심예필심훼**라 **심희필심우**요 **심장필심망**이니라.

사랑이 지나치면 반드시 허비함이 많게 되고, 칭찬이 지나치면 반드시 많이 헐뜯음을 받는다. 기쁨이 지나치면 반드시 많이 근심하게 되고, 뇌물이 지나치면 반드시 크게 망한다.

상11-8

子曰, 不觀高崖면 何以知顚墜之患이며 不臨深泉이면 何以知沒溺之患이며 不觀巨海면 何以知風波之患이리오.

자왈, 불관고애면 **하이지전추지환**이며 **불임심천**이면 **하이지몰닉지환**이며 **불관거해**면 **하이지풍파지환**이리오.

공자께서 말씀하셨다. "높은 낭떠러지를 보지 않고서 어떻게 굴러 떨어지는 근심을 알 것이며, 깊은 연못에 임하지 않고서 어떻게 물에 빠져 죽는 근심을 알 것이며, 큰 바다를 보지 않고서 어떻게 바람과 파도의 근심을 알겠는가?"

상11-9

欲知未來인대 先察已往이니라.

욕지미래인대 **선찰이왕**이니라.

미래를 알려거든 이미 지난 일들을 먼저 살펴야 한다.

상11-10

子曰, 明鏡은 所以察形이요 往古는 所以知今이니라.

자왈, 명경은 **소이찰형**이요 **왕고**는 **소이지금**이니라.

공자께서 말씀하셨다. "밝은 거울은 형체를 살피는 수단이요, 지난 일은 현재를 알 수 있는 방법이다."

상11-11

過去事는 如鏡明이요 未來事는 暗似漆이니라.

과거사는 **명여경**이요 **미래사**는 **암사칠**이니라.

지나간 일은 밝기가 거울과 같고, 미래의 일은 어둡기가 옻과 같도다.

상11-12

景行錄에 云, 明朝之事를 薄暮不可必이요 薄暮之事를 晡時不可必이라.

경행록에 **운, 명조지사**를 **박모불가필**이요 **박모지사**를 **포시불가필**이라.

경행록에 이르기를, "내일 아침의 일을 초저녁에 반드시 그렇게 된다고 할 수 없는 것이요, 초저녁의 일을 오후 세네 시경에 반드시 그렇게 된다고 할 수 없다."

상11-13

天有不測風雨하고 **人有朝夕禍福**이니라.

천유불측풍우하고 **인유조석화복**이니라.

하늘에는 헤아릴 수 없는 바람과 비가 있고, 사람에게는 아침과 저녁으로 화와 복이 있느니라.

상11-14

未歸三尺土하여는 **難保百年身**이요 **已歸三尺土**하여는 **難保百年墳**이라.

미귀삼척토하여는 **난보백년신**이요 **이기삼척토**하여는 **난보백년분**이라.

석자의 흙 속으로 돌아가지 않고서는 백 년 동안 몸을 지키기는 어렵고, 이미 석자의 흙 속으로 돌아갔어도 백 년 동안 무덤을 지키기가 어렵다.

상11-15

景行錄에 **云**, **木有所養**이면 **則根本固而枝葉茂**하여 **棟樑之材成**하고 **水有所養**이면 **則泉源壯而流波長**하여 **灌漑之利博**하며 **人有所養**이면 **則志氣大而識見明**하여 **忠義之士出**하나니 **可不養哉**아.

경행록에 **운, 목유소양**이면 **즉근본고이지엽무**하여 **동량지재성**하고 **수유소양**이면 **즉천원장이유파장**하여 **관개지리박**하며 **인유소양**이면 **즉지기대이식견명**하여 **충의지사출**하나니 **가불양재**아.

경행록에 이르기를, "나무를 잘 기르는 바가 있으면 나무의 뿌리가 튼튼하고 가지와 잎이 무성하여 기둥과 대들보의 재목을 이루고, 물을 잘 다스리는 바가 있으면 샘의 근원이 풍성해지고 물줄기가 풍부하고 흐름이 길어서 물을 대는 이로움이 넓어지며, 사람이 수양하는 바가 있으면 뜻과 기운이 커지고 식견이 밝아져서 충의의 선비가 나오니 어찌 잘 기르지 않을 수 있겠는가?"

상11-16

自信者는 **人亦信之**하여 **吳越**이 **皆兄弟**요 **自疑者**는 **人亦疑之**하여 **身外**는 **皆敵國**이라

자신자는 **인역신지**하여 **오월**이 **개형제**요 **자의자**는 **인역의지**하여 **신외**는 **개적국**이라.

자신을 믿는 사람은 남도 또한 자기를 믿어주니, 오나라와 월나라 같은 적국 사이라도 모두 형제같이 될 수 있고, 스스로를 믿지 못 하는 사람은 남도 또한 자기를 믿어주지 않으니 자기 외에는 모두가 적국이 될 것이다.

상11-17

疑人이어든 **莫用**하고 **用人**이어든 **勿疑**하라.

의인이어든 **막용**하고 **용인**이어든 **물의**하라.

사람을 의심하려거든 쓰지 말 것이고, 사람을 쓰려거든 의심하지 말 것이다.

상11-18

諷諫에**云**, **水底魚天邊雁**은 **高可射兮低可釣**어니와 **惟有人心咫尺間**이라도 **咫尺人心不可料**니라.

풍간[39]에 **운**, **수저어천변안**은 **고가사혜저가조**어니와 **유유인심지척지간**이라도 **지척인심불가료**니라.

풍간에 이르기를, "물 밑의 고기와 하늘가의 기러기 같이 높이 있는 것은 쏘아 잡을 수 있고, 낮은 것은 낚을 수 있으나, 오직 사람의 마음은 아주 가까이 있는데도 바로 곁에 있는 사람의 마음은 헤아릴 수가 없다.

39 韋孟(위맹, B.C 약 228~156)은 전국시기 말에서 전한(前漢)시기까지 사람으로 초나라 원왕인 유교(劉交)와 그 아들 이왕(夷王) 손자까지 3대의 스승이 되었다가 손자인 유무(劉戊)에 이르러 방탕하고 도를 따르지 않자 전체 108구 432자로 된 풍간시(諷諫詩)를 지었다 파직되었다.

상11-19

畫虎畫皮難畫骨이요 **知人知面不知心**이니라.

화호화피난화골이요 **지인지면부지심**이니라.

범을 그리되 가죽은 그릴 수 있으나 뼈는 그리기는 어렵고, 사람을 알되 얼굴은 알아도 마음은 알 수 없다.

상11-20

對面共語하되 **心隔千山**이니라.

대면공어하되 **심격천산**이니라.

얼굴을 맞대고 함께 말을 하지만 마음은 수많은 산을 사이에 두고 있는 것처럼 떨어져 있구나.

상11-21

海枯終見底나 **人死不知心**이니라.

해고종견저나 **인사부지심**이니라.

바다는 마르면 마침내 그 바닥을 볼 수 있으나, 사람은 죽어도 그 마음을 알지 못한다.

상11-22

太公이 曰, 凡人은 不可逆相이요 海水는 不可斗量이니라.

태공이 **왈, 범인**은 **불가역상**이요 **해수**는 **불가두량**이니라.

태공께서 말씀하셨다. "무릇 사람은 타고난 바탕을 거스릴 수 없으며, 바닷물은 말(斗)로 그 양을 잴 수 없다."

상11-23

景行錄에 云, 結怨於人을 謂之種禍요 捨善不爲를 謂之自賊이니라.

경행록에 **운, 결원어인**을 **위지종화**요 **사선불위**를 **위지자적**이니라.

경행록에 이르기를, "다른 사람과 원한을 맺는 것을 일러 재앙의 씨를 심는 것이라 하고, 착한 것을 버리고 하지 않는 것을 일러 스스로를 해치는 것이라고 한다.

상11-24

若聽一面說이면 便見相離別이니라.

약청일면설이면 **편견상리별**이니라.

만약 한 쪽 편의 말만 들으면 곧 서로간의 사이가 멀어지는 것을 보게 된다.

상11-25

飽煖에 **思淫慾**이요 **飢寒**에 **發道心**이라.

포난에 **사음욕**이요 **기한**에 **발도심**이라.

배부르고 따뜻하면 음탕한 욕구를 생각하며, 굶주리고 추우면 도를 향한 마음이 일어난다.

상11-26

疏廣이 **曰, 賢人多財則損其志**하고 **愚人多財則益其過**니라.

소광[40]이 **왈, 현인다재즉손기지**하고 **우인다재즉익기과**니라.

소광이 말하였다. "어진 사람이 재물이 많으면 그의 의지를 손상시키고, 어리석은 사람이 재물이 많으면 그의 허물을 더한다."

상11-27

人貧智短하고 **福至心靈**이니라.

인빈지단하고 **복지심령**이니라.

---

40 (생몰연대 미상) 전한 후기의 유학자이자 관료로 자는 중옹(仲翁)이며 동해군 난릉현(蘭陵縣) 사람이다.

사람이 가난하면 지혜가 짧아지고, (부유하여) 복이 다가오면 마음이 신묘하게 통한다.

상11-28

不經一事면 不長一智니라.

불경일사면 **부장일지**니라.

한가지 일을 경험하지 않으면 한가지의 지혜를 기르지 못한다.

상11-29

是非終日有라도 不聽自然無니라.

시비종일유라도 **불청자연무**니라.

옳고 그름의 말은 종일토록 있지만, 듣지 않으면 저절로 없어진다.

상11-30

來說是非者가 便是是非人이니라.

내설시비자가 **변시시비인**이니라.

찾아와서 옳고 그름을 말하는 사람이 곧 그가 바로 옳고 그름을 말하는 사람이다.

상11-31

擊壤詩에 **云**, **平生**에 **不作皺眉事**면 **世上**에 **應無切齒人**이라 **大名**을 **豈有鐫頑石**가 **路上行人**이 **口勝碑**니라.

격양시에 **운**, **평생**에 **부작추미사**면 **세상**에 **응무절치인**이라 **대명**을 **기유전완석**가 **노상행인**이 **구승비**니라.

격양시에 이르기를, "평생토록 눈썹 찌푸릴 일을 만들지 않으면 세상에 응당 이를 가는 사람이 없을 것이다. 크게 난 이름을 어찌 보잘 것 없는 돌에 새길 수 있겠는가? 길가는 사람들의 입이 비석보다 나을 것이다.

상11-32

有麝自然香이니 **何必當風立**고

유사자연향이니 **하필당풍립**고

사향을 지녔으면 저절로 향기가 날 것이니, 어찌 반드시 바람이 불어야만 향기가 나겠는가?

상11-33

有福莫享盡하라 福盡身貧窮이요 有勢莫使盡하라 勢盡冤相逢이라 福兮常自惜하고 勢兮常自恭하라 人生驕與侈는 有始多無終이니라.

유복막향진하라 **복진신빈궁**이요 **유세막사진**하라 **세진원상봉**이라 **복혜상자석**하고 **세혜상자공**하라 **인생교여치**는 **유시다무종**이니라.

복이 있어도 다 누리지 말라. 복이 다하면 몸이 빈궁해진다. 권세가 있거든 함부로 부리지 말라. 권세를 다하면 원수를 만나게 된다. 복은 늘 스스로 아끼고, 권세는 늘 항상 스스로 공손히 부려야 한다. 사람이 살면서 교만과 사치는 처음은 있으되, 끝이 없는 것이 많다.

상11-34

王參政의 四留銘에 曰, 留有餘不盡之巧하여 以還造物하고 留有餘不盡之祿하여 以還朝廷하고 留有餘不盡之財하여 以還百姓하고 留有餘不盡之福하여 以還子孫이니라.

왕참정[41]의 **사류명**에 **왈**, **유유여부진지교**하여 **이환조물**하고 **유유여부진지록**하여 **이환조정**하고 **유유여부진지재**하여 **이환백성**하고 **유유부진지복**하여 **이환자손**이니라.

41 왕단(王旦, 957~1017)은 북송의 재상, 대명(大名)사람으로 자는 자명(子明)이며 북송 때의 대신 왕호의 아들로 지혜롭고 어진 정치를 하였고 청렴과 비범의 상징이다.

왕참정의 네 가지 보류해야 할 것을 적은 글에 이르기를, "남음이 있는 재주를 다 쓰지 않고 남겨두었다가 조물주에 돌려 주고, 남음이 있는 녹봉을 다 쓰지 않고 남겨두었다가 조정에 돌려 주고, 남음이 있는 재물을 다 쓰지 않고 남겨두었다가 백성에게 돌려 주고, 남음이 있는 복을 다 누리지 않고 남겨두었다가 자손에게 돌려 주어야 한다."

상11-35

黃金千兩이 未爲貴요 得人一語가 勝千金이니라.

황금천냥이 **미위귀**요 **득인일어**가 **승천금**이니라.

황금 천 냥이 귀한 것이 아니고, 덕이 있는 사람의 좋은 말 한마디가 천금보다 나은 것이다.

상11-36

巧者는 拙之奴요 苦者는 樂之母니라.

교자는 **졸지노**요 **고자**는 **락지모**니라.

재주있는 사람은 재주없는 사람의 종이 되고(작은 재주로 인해 재주 없는 사람의 아래로 들어가고), 괴로운 것은 즐거움의 근본이 된다.

상11-37

小船은 難堪重載요 深逕은 不宜獨行이니라.

소선은 **난감중재**요 **심경**은 **불의독행**이니라.

작은 배는 무거움 것을 싣기에 어렵고 으슥한 길은 홀로 다니기에 마땅치 않다.

상11-38

黃金이 未是貴요 安樂이 値錢多니라.

황금이 **미시귀**요 **안락**이 **치전다**니라.

황금이 귀한 것이 아니고 편안하고 즐거운 것이 돈보다 가치가 많다.

상11-39

在家에 不會邀賓客이면 出外에 方知少主人이니라.

재가에 **불회료빈객**이면 **출외**에 **방지소주인**이니라.

집에 있을 때 손님을 맞아 모실 줄을 모르면, 밖에 나가서(다른 집의 손님으로 가 보아야 자신을 맞아주는) 주인이 적은 줄을 비로소 알게 된다.

상11-40

貧居鬧市無相識이요 富住深山有遠親이니라.

빈거뇨시무상식이요 **부주심산유원친**이니라.

가난하게 살면 시끄러운 시장에 살아도 서로 아는 사람이 없고, 부유하게 살면 깊은 산속에 살아도 먼 곳으로부터 찾아오는 친구가 있다.

상11-41

人義는 盡從貧處斷이요 世情은 便向有錢家니라.

인의는 **진종빈처단**이요 **세정**은 **변향유전가**니라.

사람의 의리는 모두 가난한 곳에서 끊어지며, 세상의 인정은 문득 돈이 있는 집으로 향한다.

상11-42

寧塞無底缸이언정 難塞鼻下橫이니라.

영색무저항이언정 **난색비하횡**이니라.

밑이 빠진 항아리는 차라리 막을 수는 있지만, 코 아래의 가로로 있는 것(입)을 막기는 어렵다.

상11-43

人情은 **皆爲窘中疎**니라.

인정은 **개위군중소**니라.

사람의 정은 모두가 거북하고 어색(군색)한 가운데서 멀어지게 된다.

상11-44

史記에 **曰**, **郊天禮廟**는 **非酒不享**이요 **君臣朋友**엔 **非酒不義**요 **鬪爭相和**엔 **非酒不勸**이라 **故**로 **酒有成敗而不可泛飮之**니라.

사기[42]에 **왈, 교천례묘**는 **비주불향**이요 **군신붕우**엔 **비주불의**요 **투쟁상화**엔 **비주불권**이라 **고**로 **주유성패이불가범음지**니라.

사기에서 말하였다. "하늘에 제사를 지내고 사당에 제례를 올릴 때에 술이 아니면 드리지 아니하고, 임금과 신하 사이와 친구 사이에는 술이 아니면 의가 두텁지 아니할 것이요, 싸우고 나서 서로 화해할 때에 술이 아니면 권하지 아니한다. 그러므로 술에는 성공과 실패가 있는 것이니, 지나치게 술을 마셔서는 안 된다.

42 사마천(司馬遷)이 저술한 중국의 역사책. 중국 전한(前漢)시대의 역사가 태사공(太史公) 사마천이 상고시대의 황제(皇帝)로부터 전한 무제(武帝)에 이르기까지 2천여년간의 역사를 기술한 고대 중국 통사(通史)이다. 본기(本紀) 12권, 표(表) 10권, 서(書) 8권, 세가(世家) 30권, 열전(列傳) 70권 등으로 이루어져 있다.

상11-45

子曰, 士志於道而恥惡衣惡食者는 未足與議也니라.

자왈, 사지어도이치악의악식자는 **미족여의야**니라.

공자께서 말씀하셨다. "선비가 도에 뜻을 두고서도 나쁜 옷과 나쁜 음식을 부끄럽게 여기는 사람과는 같이 의논할 수가 없다."

상11-46

荀子曰, 士有妬友則賢交不親하고 君有妬臣則賢人不至니라.

순자왈, 사유투우즉현교불친하고 **군유투신즉현인부지**니라.

순자께서 말씀하셨다. "선비가 벗을 질투한다면 어진 벗과 친하지 못하고, 임금이 신하를 질투한다면 어진 신하가 오지 않는다."

상11-47

天不生無祿之人하고 地不長無名之草니라.

천불생무록지인하고 **지부장무명지초**니라.

하늘은 복되고 영화로운 삶이 없는 사람을 낳지 아니하고, 땅은 이름 없는 풀을 기르지 않는다.

상11-48

大富는 由天하고 小富는 由勤이니라.

대부는 **유천**하고 **소부**는 **유근**이니라.

큰 부자는 하늘의 뜻에 달려있고, 작은 부자는 부지런함에 달려있다.

상11-49

成家之兒는 惜糞如金하고 敗家之兒는 用金如糞이니라.

성가지아는 **석분여금**하고 **패가지아**는 **용금여분**이니라.

집안을 일으키는 아이는 거름(똥)을 아끼기를 금같이 여기고, 집안을 망치는 아이는 돈을 쓰기를 거름(똥)과 같이 여긴다.

상11-50

康節邵先生이 曰, 閑居에 愼勿說無妨하라 纔說無妨便有妨이니라 爽口物多能作疾이요 快心事過必有殃이라 與其病後能服藥으론 不若病前能自防이니라.

강절소 선생이 **왈**, **한거**에 **신물설무방**하라 **참설무방변유방**이니라 **상구물다능작질**이요 **쾌심사과필유앙**이라 **여기병후능복약**으론 **불약병전능자방**이니라.

소강절 선생께서 말씀하셨다. "한가롭게 살 때에 거리낄 일이 없다고 말하지 말라, 거리낄 일이 없다고 겨우 말하는 순간 불현듯 해로움이 있게 된다. 입에 맞는 것들이 많으면 능히 질병을 일으키고, 마음에 드는 일도 지나치면 반드시 재앙이 된다. 질병이 난 뒤에 능히 약을 먹는 것보다는 질병이 들기 전에 능히 스스로 그 질병을 예방하는 것만 못하다."

상11-51

梓潼帝君의 **垂訓**에 **曰**, **妙藥難醫寃債病**이요 **橫財不富命窮人**이라 **生事事生君莫怨**하고 **害人人害汝休嗔**하라 **天地自然皆有報**나니 **遠在兒孫近在身**이니라.

재동제군[43]의 **수훈**에 **왈**, **묘약난의원채병**이요 **횡재불부명궁인**이라 **생사사생군막원**하고 **해인인해여휴진**하라 **천지자연개유보하**나니 **원재아손근재신**이니라.

재동제군이 훈계를 내려 말하였다. "신묘한 약이라도 원한으로 인한 병을 치료하기 어려운 것이고, 횡재라도 운수가 궁한 사람을 부자로 만들지는 못한다. 일을 만들고서 일이 생기는 것을 그대는 원망하지 말고, 남을 해치고서 남이 자신을 해치는 것을 그대는 화내지 말라. 천지의 자연이 모두 댓가가 있기에 그 응보가 멀리는 자식과 손자에게 있을 것이고, 가까이는 자신에게 있는 것이다.

---

43 도교에서 받드는 녹적(祿籍)을 관리하는 신선으로 문창제군(文昌帝君)이라고도 한다.

상11-52

花落花開開又落이요 金衣布衣更換着이라 豪家未必常當貴요 貧家未必長寂寞이라 扶人未必上靑霄요 推人未必塡溝壑이라 勸君凡事莫怨天하라 天意於人無厚薄이니라.

화락화개개우락이요 **금의포의갱환착**이라 **호가미필상부귀**요 **빈가미필장적막**이라 **부인미필상청소**요 **추인미필전구학**이라 **권군범사막원천**하라 **천의어인무후박**이니라.

꽃이 떨이지면 꽃이 피고, 피면 또 떨어지며, 비단옷과 삼베옷은 다시 바꿔 입을 수도 있다. 호화로운 집도 항상 부귀한 것은 아니며, 가난한 집도 반드시 오랫동안 적막한 것은 아니다. 사람을 떠받쳐서 올려줘도 반드시 푸른 하늘에 오르게 할 수는 없고, 사람을 밀어버려도 반드시 깊은 구덩이에 빠지는 것은 아니다. 그대에게 권하니, 모든 일에 하늘을 원망하지 말라. 하늘의 뜻은 사람에게 두터움도 엷음도 없다.

상11-53

堪歎人心毒似蛇요 誰知天眼轉如車리오 去年妄取東隣物이러니 今日還歸北舍家라 無義錢財는 湯潑雪이요 儻來田地는 水推沙라 若將狡譎爲生計면 恰似朝開暮落花니라.

감탄인심독여사요 **수지천안전여거**리오 **거년망취동린물**이러니 **금일환**

귀복사가라 **무의전재**는 **탕발설**이요 **당래전지**는 **수추사**라 **약장교휼위생계**면 **흡사조개모락화**니라.

사람 마음의 독하기가 뱀과 같음을 탄식할만 하다. 하늘의 눈이 수레바퀴처럼 돌아가는 것을 누가 알겠는가? 지난 해에 동쪽 이웃의 물건을 망령되게 가져왔더니 지금엔 다시 북쪽 집으로 돌아가 버렸다. 의롭지 아니한 돈과 재물은 끓는 물에 눈을 뿌리는 듯 없어지고, 우연히 얻은 전답은 물에 밀려온 모래와도 같다. 만약에 교활함과 속임수로써 삶을 꾀한다면 마치 아침에 피었다가 저녁에 지는 꽃과 같을 것이다.

상11-54

無藥可醫卿相壽요 **有錢難買子孫賢**이니라.

무약가의경상수요 **유전난매자손현**이니라.

약이 없어도 공경과 재상 같은 귀한 목숨은 구할 수 있으나, 돈은 있어도 자손의 어질고 현명함은 살 수가 없다.

상11-55

一日清閑이면 **一日仙**라.

일일청한이면 **일일선**이니라.

하루 동안 마음이 맑고 한가로우면 하루 동안은 신선이 된다.

第11·하 省心篇.下 (성심편. 하)

마음을 살펴라

하11-1

眞宗皇帝의 御製에 曰, 知危識險이면 終無羅網之門이요 擧善薦賢이면 自有安身之路라 施仁布德은 乃世代之榮昌이요 懷妬報寃이요 與子孫之爲患이라 損人利己면 終無顯達雲仍이요 害衆成家면 豈有長久富貴리요 改名異體는 皆因巧語而生이요 禍起傷身은 皆是不仁之召니라.

진종황제[44]의 **어제**에 **왈, 지위식험**이면 **종무라망지문**이요 **거선천현**이면 **자유안신지로**라 **시인포덕**은 **내세대지영창**이요 **회투보원**은 **여자손지위환**이라 **손인이기**면 **종무현달운잉**이요 **해중성가**면 **기유구장부귀**리요 **개명이체**는 **개인교어이생**이요 **화기상신**은 **개시불인지소**니라.

진종황제 어제(御製)에 말씀하였다, "위태로움을 깨닫고 알면 끝내 그물을 펼쳐놓은 문(법망)에 걸리는 없을 것이며, 착한 사람과 어진 사람을 추천하면 스스로 몸을 편하게 하는 길이 있을 것이다. 인을 베풀고 덕을 펼치는 것은 이내 대대로 영화와 번창이 있을 것이요, 시기를 품거나 원

44 송(宋)의 제3대 황제(재위 997~1022). 이름 조항(赵恒). 유교를 강화하고 북쪽의 거란족과 휴전조약을 체결하여 몇 십 년간 지속되던 전쟁을 끝냈으며, 이후 산하이관(山海关) 조약(1044년)으로 송은 만리장성 이남의 연운(燕云) 16주를 영구히 포기하는데 동의하였다. 진종은 유교의 영향력을 강화시켜 1011년 모든 지방 도시들에 공자(孔子)의 사원을 세우라는 명을 내렸으며, 이러한 정책으로 백성들에게 천자의 정통성을 더욱 강하게 인식시킬 수 있었으나 말년에 정신이상으로 황후가 권력을 잡게 되는 상황이 전개되었다.

한으로 보복하면 자손에게 걱정거리를 주는 것이다. 다른 사람에게 손해를 주고 자기에게 이롭게 하면 마침내 출세하는 자손이 없을 것이고, 뭇 사람에게 해롭게 하고 집안을 이루면 어찌 부귀가 오래 가겠는가? (죄를 지어) 이름을 바꾸고 (목이 베어 죽는 형벌로 머리와) 몸을 달리하는 것은 모두가 교묘한 말에 인하여 생겨나고, 재앙이 일어나 몸을 다치게 하는 것은 모두가 어질지 못함이 부르는 것이다.

하11-2

神宗皇帝의 **御製**에 **曰, 遠非道之財**하고 **戒過度之酒**하며 **居必擇隣**하고 **交必擇友**하며 **嫉妬**를 **勿起於心**하고 **讒言**을 **勿宣於口**하며 **骨肉貧者**를 **莫疎**하고 **他人富者**를 **莫厚**하며 **克己**는 **以勤儉爲先**하고 **愛衆**은 **以謙和爲首**하며 **常思已往之非**하고 **每念未來之咎**하라 **若依朕之斯言**이면 **治家國而可久**니라.

신종황제[45]의 **어제**에 **왈, 원비도지재**하고 **계과도지주**하며 **거필택린**하고 **교필택우**하며 **질투**를 **물기어심**하고 **참언**을 **물선어구**하며 **골육빈자**를 **막소**하고 **타인부자**를 **막후**하며 **극기**는 **이근검위선**하고 **애중**은 **이겸화위수**하며 **상사이왕지비**하고 **매념미래지구**하라 **약의짐지사언**이면 **치국가이가구**니라.

---

45 송(宋)의 제6대 황제(재위 1067~1085). 이름 조욱(赵頊). 영종(英宗)의 장자. 제4대 인종(仁宗) 때 서하(西夏)와 요(辽)의 압박 밑에서 체제의 위기가 시작되었으며, 제5대 영종(英宗)이 재위 5년 만에 사망함에 따라 즉위하였다. 급진 개혁가인 왕안석(王安石, 1021~1086)을 등용하고 신법(新法)이라고 하는 청묘(靑苗)·모역(募役)·시역(市易)·보갑(保甲)·보마법(保马法) 등의 재정·군사 관제의 개혁을 강력히 추진하여 부국강병책을 시행하도록 하였다.

신종황제의 어제에서 말씀하였다. "도리에 어긋난 재물은 멀리하고, 정도를 지나친 술을 경계하며, 반드시 이웃을 가려서 살고, 벗을 사귈 때에는 반드시 가려야 하며, 질투하는 마음을 일으키지 말고, 근거 없이 남을 헐뜯는 말을 입에서 내뱉지 말며, 가난한 친척을 멀리하지 말고, 부유한 사람을 두둔하여 대하지 말며, 자신을 극복함에는 부지런과 검소함을 우선으로 삼고, 대중을 사랑하는 것은 겸손과 화목을 우선으로 하며, 항상 지나간 자신의 잘못을 생각하고, 매번 앞날의 허물을 생각해야 한다. 만약 나의 이 말에 의지한다면 집안이나 나라를 오랫동안 다스릴 수 있을 것이다."

하11-3

高宗皇帝의 御製에 曰, 一星之火가 能燒萬頃之薪하고 半句非言이 誤損平生之德이라. 身被一縷나 常思織女之勞하고 日食三飧이나 每念農夫之苦하라. 苟貪妬損이면 終無十載安康이요. 積善存仁이면 必有榮華後裔라 福緣善慶은 多因積行而生이요. 入聖超凡은 盡是眞實而得이니라.

고종황제[46]의 **어제**에 **왈, 일성지화**가 **능소만경지신**하고 **반구비언**이 **오손평생지덕**이라. **신피일루**나 **상사직녀지로**하고 **일식삼손**이나 **매념농부지고**하라. **구탐투손**이면 **종무십재안강**이요 **적선존인**이면 **필유영화후예**라 **복연선경**은 **다인적행이생**이요 **입성초범**은 **진시진실이득**이니라.

46 남송(南宋)의 제1대 황제(재위 1127~1162). 1138년 항저우를 임시수도로 정하고 임안부라 했다. 진회를 등용, 악비 등 주전론자를 물리쳤다. 금나라와 굴욕적 화약을 맺어 20년 간 평화를 얻었다.

고종황제의 어제에서 말씀하였다. "하나의 작은 불씨도 일만 이랑의 땔나무를 능히 태울 수 있고, 반마디의 그릇된 말이 평생의 덕을 그르치고 훼손할 수 있다. 몸에 한 오라기의 실을 걸쳐도 항상 베짜는 여인의 수고로움을 생각하고, 하루 세끼의 밥을 먹을 때에는 매양 농부의 수고로움을 생각하라. 진실로 남의 것을 탐내고 질투하여 손해를 끼치면 마침내 십년 동안 편안함도 없을 것이고, 착함을 쌓고 어진 마음을 보존하면 반드시 후손에게 영화로움이 있을 것이다. 복된 인연과 좋은 경사는 착한 행실을 많이 쌓음으로 생겨나며, 보통 사람을 뛰어넘어 성인의 경지에 들어가는 것은 모두 진실함을 다함으로 얻어지는 것이다."

하11-4

王良이 **曰**, **欲知其君**이면 **先視其臣**하고 **欲知其人**이면 **先視其友**하고 **欲知其父**면 **先視其子**하라 **君聖臣忠**하고 **父慈子孝**니라.

왕량[47]이 **왈, 욕지기군**이면 **선시기신**하고 **욕지기인**이면 **선시기우**하고 **욕지기부**면 **선시기자**하라 **군성신충**하고 **부자자효**니라.

왕량이 말하였다. "그 임금을 알고 싶으면 먼저 그의 신하를 보고, 그 사람을 알고 싶으면 먼저 그의 친구를 볼 것이며, 그 아비를 알고 싶으면 먼저 그의 자식을 보라. 임금이 거룩하면 신하가 충성스럽고, 아비가 자애로우면 아들은 효도한다."

---

47 중국 명대(明代)의 정치가로 자는 경지(敬止)이고 시호는 문절(文節)이다.

하11–5

家語에 **云, 水至淸則無魚**하고 **人至察則無徒**니라.

가어에 **운, 수지청즉무어**하고 **인지찰즉무도**니라.

가어에 이르기를, "물이 너무 맑으면 고기가 없고, 사람이 너무 살피면 따르는 무리가 없다."

하11–6

許敬宗이 **曰, 春雨如膏**나 **行人**은 **惡其泥濘**하고 **秋月揚輝**나 **盜者**는 **憎其照鑑**이니라.

허경종[48]이 **왈, 춘우여고**나 **행인**은 **오기니녕**하고 **추월양휘**나 **도자**는 **증기조감**이니라.

허경종이 말하였다. "봄비는 기름(농작물에 단비)과 같으나 길가는 사람은 그 비의 진흙탕을 싫어하고, 가을 달은 밝은 빛을 드날리나 도둑질하는 사람은 그 달의 밝게 비침을 싫어한다.

48 (592~672) 중국 당대의 정치가, 항주(杭州) 신성(新城) 사람으로 자는 연족(延族)이다. 수(隋)나라 때 예부시랑(禮部侍郎)을 지낸 허선심(許善心)의 아들로 문집(文集) 80권(卷)이 있다.

하11-7

景行錄에 云, 大丈夫見善明故로 重名節於泰山하고 用心剛故로 輕死生於鴻毛니라.

경행록에 **운, 대장부견선명고**로 **중명절어태산**하고 **용심강고**로 **경사생어홍모**니라.

경행록에 이르기를, "대장부는 착함을 보는 것이 밝기 때문에 명분과 절개를 태산보다 소중하게 여기고, 마음을 쓰는 것이 강직한 까닭에 죽고 사는 것을 기러기 깃털보다 가볍게 여긴다.

하11-8

悶人之凶하고 樂人之善하며 濟人之急하고 救人之危니라.

민인지흉하고 **낙인지선**하며 **제인지급**하고 **구인지위**니라.

다른 사람의 흉함을 민망하게 여기고, 다른 사람의 착함을 즐거워하며, 다른 사람의 급한 것을 도와주고, 다른 사람의 위험을 구원해야 한다.

하11-9

經目之事도 恐未皆眞이어늘 背後之言을 豈足深信이리오.

경목지사도 **공미개진**이어늘 **배후지언**을 **기족심신**이리오.

눈으로 직접 본 일도 오히려 진실이 아닐까 의심하는데, 등 뒤에서 하는 말을 어찌 족히 깊게 믿을 수 있겠는가?

하11-10

不恨自家汲繩短이요 只恨他家苦井深이로다.

불한자가급승단이요 **지한타가고정심**이로다.

자기 집 두레박 줄이 짧은 것은 생각하지 않고, 다만 남의 집 우물이 깊은 것만을 원망한다.

하11-11

贓濫이 滿天下하되 罪拘薄福人이라.

장람이 **만천하**하되 **죄구박복인**이라.

뇌물을 탐하는 사람이 천하에 가득한데, 죄는 복이 적은 사람에게만 잡힌다.

하11-12

天若改常이면 不風卽雨요, 人若改常이면 不病卽死니라.

천약개상이면 **불풍즉우**요, **인약개상**이면 **불병즉사**니라.

하늘이 만약 지켜야 할 도리(常道)를 어기면 바람이 불지 않아도 곧 비가 오고, 사람이 만약 지켜야 할 도리를 어기면 병이 들지 않아도 곧 죽게 된다.

하11-13

狀元詩에 云, 國正天心順이요 官淸民自安이라 妻賢夫禍少요 子孝父心寬이니라.

장원시에 **운, 국정천심순**이요 **관청민자안**이라 **처현부화소**요 **자효부심관**이니라.

장원시에 이르기를, "나라가 바르면 하늘의 마음도 순하고, 관리가 청렴하면 백성은 스스로 편안하다, 아내가 어질면 남편의 재앙이 적을 것이고, 자식이 효도하면 아버지의 마음이 너그러워진다."

하11-14

子曰, 木從繩則直하고 人受諫則聖이니라.

자왈, 목종승즉직하고 **인수가즉성**이니라.

공자께서 말씀하셨다. "나무가 먹줄을 받으면 곧아지고, 사람이 충고를 바르면 거룩해진다."

하11-15

一派青山景色幽하니 前人田土後人收라 後人收得莫歡喜하라 更有收人在後頭니라.

일파청산경색유하니 **전인전토후인수**라 **후인수득막환희**하라 **경유수인재후두**니라.

한 줄기의 푸른 산의 경치가 그윽한데, 앞 사람이 가꾸던 밭을 뒷사람이 거둔다. 뒷사람들은 거두어 얻는 것을 기뻐하지 마라. 다시 거두어 드릴 사람이 또 뒤에 있다.

하11-16

蘇東坡가 云, 無故而得千金이면 不有大福이라 必有大禍니라.

소동파[49]가 **운, 무고이득천금**이면 **불유대복**이라 **필유대화**니라.

소동파가 이르기를, "아무런 까닭없이 천금을 얻는 것은 큰 복이 있는 것이 아니라 반드시 큰 화가 있게 된다."

49 (1037~1101) 중국을 대표하는 탁월한 문장가 중 한사람으로 추앙받는 인물이며 북송시대 중국 사천성에서 출생하였다. 자 자첨(子瞻), 호 동파거사(東坡居士), 애칭(愛稱) 파공(坡公)·파선(坡仙) 등으로 불린다. 이름은 식(軾)이며 동생 소철(蘇轍)과 비교하여 대소(大蘇)라고도 불리었다. 부친 소순(蘇洵)은 구양수(歐陽脩), 왕안석(王安石) 등과 교우하며 송나라에서 이름난 문장가였다. 그의 가문은 부유한 지식인 집안으로 명망이 높았다. 소동파는 송나라 최고의 시인이며, 문장에 있어서도 당송팔대가(唐宋八大家)의 한 사람으로 평가된다.

하11-17

康節邵先生이 **曰**, **有人**이 **來問卜**하되 **如何是禍福**고 **我虧人是禍**요 **人虧我是福**이니라.

강절소선생이 **왈**, **유인**이 **래문복**하되 **여하시화복**고 **아휴인시화**요 **인휴아시복**이니라.

소강절 선생께서 말씀하셨다, "어떤 사람이 앞날의 일을 물으러 찾아왔는데, '어떠한 것이 화와 복이 됩니까?' 하거늘, 내가 '남에게 해로움을 끼치면 화(禍)이고, 남이 나에게 해로움을 끼치는 것이 복이다.' 라고 하였다."

하11-18

大厦千間이라도 **夜臥八尺**이요 **良田萬頃**이라도 **日食二升**이니라.

대하천간이라도 **야와팔척**이요 **양전만경**이라도 **일식이승**이니라.

천 칸이나 되는 큰 집이라도 밤에 눕는 곳은 여덟 자 뿐이고, 좋은 밭이 만 이랑이라도 하루 먹는 것은 두 되일 뿐이다.

하11-19

久住令人賤이요 **頻來親也疎**라 **但看三五日**하라 **相見不如初**니라.

구주령인천이요 **빈래친야소**라 **단간삼오일**하라 **상견불여초**니라.

오래 머무르면 사람을 천하게 만들고, 자주 찾아오면 친함도 멀어진다. 단지 사흘이나 닷새만에 보아도 서로 보는 것이 처음과 같지 못하다.

하11-20

渴時一滴은 如甘露요 醉後添盃는 不如無니라.

갈시일적은 **여감로**요 **취후첨배**는 **불여무**니라.

목마를 때에 한 방울의 물은 단 이슬과 같고, 술 취한 후에 잔을 더하는 것은 아니함만 못하다.

하11-21

酒不醉人人自醉요 色不迷人人自迷니라.

주불취인인자취요 **색불미인인자미**니라.

술이 사람을 취하게 하는 것이 아니라 사람이 스스로 취하는 것이고, 여색이 사람의 정신을 홀리는 것이 아니라 사람이 스스로 정신을 홀리게 되는 것이다.

하11-22

公心을 若比私心이면 何事不辨이며 道念을 若同情念이면 成佛多時니라.

공심을 **약비사심**이면 **하사불변**이며 **도념**을 **약동정념**이면 **성불다시**니라.

공적인 마음을 만약 개인을 위하는 마음에 비한다면 무슨 일이든지 분별하지 못할 것이며, 도를 향한 마음이 만약 남녀의 정을 생각하는 마음과 같다면 부처를 이룬지가 오래되었을 것이다.

하11-23

濂溪先生이 曰, 巧者言하고拙者黙하며 巧者勞하고 拙者逸하며 巧者賊하고 拙者德하며 巧者凶하고 拙者吉이라 嗚呼라 天下拙이면 刑政撤이라도 上安下順하고 風淸弊絶이리라.

염계[50]**선생**이 **왈, 교자언**하고 **졸자묵**하며 **교자로**하고 **졸자일**하며 **교자적**하고 **졸자덕**하며 **교자흉**하고 **졸자길**이라 **오호**라 **천하졸**이면 **형정철**이라도 **상안하순**하고 **풍청폐절**이리라.

50 주돈이(周敦頤: 1017~1073) 중국 북송의 유교 사상가로 성리학의 기초를 닦았다. 존칭하여 주자(周子)라고 하며 자는 무숙(茂叔), 호는 염계(濂溪), 시(諡)는 원공(元公)이다.

염계 선생께서 말씀하셨다. "꾀와 재주만 부리는 사람은 말을 잘하고, 겸손한 사람은 말이 없으며, 꾀와 재주만 부리는 사람은 수고롭고, 겸손한 사람은 편안하며, 꾀와 재주만 부리는 사람은 남에게 해를 끼치고, 겸손한 사람은 덕인(德人)이며, 꾀와 재주만 부리는 사람은 흉하고 겸손한 사람은 길하다. 오호라! 천하가 겸손해지면 형벌과 법이 철폐되어 임금은 편안하고 백성은 순종하니, 풍속이 맑아지고 폐단이 끊어진다.

하11-24

易에 **曰, 德微而位尊**하고 **智小而謀大**면 **無禍者鮮矣**니라.

역[51]에 **왈, 덕미이위존**하고 **지소이모대**면 **무화자선의**니라.

주역에서 말하였다. "덕은 작은데 지위는 높고, 지혜는 작은데 도모함이 큰 사람들 중에 화(禍)를 당하지 않은 자가 드물다."

하11-25

說苑에 **云, 官怠於宦成**하고 **病加於小愈**하며 **禍生於懈惰**하고 **孝衰於妻子**니 **察此四者**하여 **愼終如始**하라.

51 우주의 원리와 인간의 길흉 화복을 기록한 책으로 동양에서 가장 오래된 경전인 동시에 가장 난해한 글로 일컬어진다. 문왕(文王)·주공(周公)·공자(孔子)에 의해 완성 되었으며, 주희(朱熹)가 '역경(易經)'이라 이름하여 숭상한 이래로 주역은 오경(五經)의 으뜸으로 손꼽히게 되었다.

설원[52]에 **운, 관태어환성**하고 **병가어소유**하며 **화생어해타**하고 **효쇠어처자**니 **찰차사자**하여 **신종여시**하라.

설원에 이르기를, "관리는 지위가 높아지는 것에서 게을러지고, 병은 조금 나으면서 심해지며, 재앙은 게으른 데서 생겨나고, 효도는 처자 때문에 약해지니, 이 네 가지를 살펴서 삼가 처음에 지녔던 마음을 끝까지 간직해야 한다."

하11-26

器滿則溢하고 人滿則喪니라.

기만즉일하고 **인만즉휴**니라.

그릇은 가득 차면 넘치게 되고, 사람이 자만하면 잃게 된다.

하11-27

尺璧非寶요 寸陰是競이니라.

지벽비보요 **촌음시경**이니라.

52 한나라의 유향(劉向)이 편찬한 책. 20권. 어떤 사실에 대해 설명을 달리하는 여러 책의 내용을 발췌해서 정리한 책으로서 시비(是非)를 정하지 않고 양쪽의 설을 모두 수록하였다.

한 자가 되는 구슬이 보배가 아니고, 한치의 아주 짧은 시간을 소중하게 여겨야 한다.

하11-28

羊羹이 雖美나 衆口는 難調니라.

양갱이 **수미**나 **중구**는 **난조**니라.

양고기 국이 비록 맛은 있으나 여러 사람의 입에 맞추기는 어렵다.

하11-29

益智書에 云, 白玉은 投於泥塗라도 不能汚穢其色이요 君子는 行於濁地라도 不能染亂其心이라 故로 松柏은 可以耐雪霜이요 明智는 可以涉危難이니라.

익지서에 **운, 백옥**은 **투어니도**라도 **불능오예기색**이요 **군자**는 **행어탁지**라도 **불능염란기심**이라 **고**로 **송백**은 **가이내설상**이요 **명지**는 **가이섭위난**이니라.

익지서에서 이르기를, "백옥은 진흙 땅에 던져져도 그 빛을 더럽힐 수 없으며, 군자는 혼탁한 곳에 가더라도 그 마음을 더럽히거나 어지럽게 할 수는 없다. 따라서 소나무와 측백나무는 눈과 서리를 견디어 내고, 지혜가 밝은 자는 위급한 어려움을 건널 수 있는 것이다."

하11-30

入山擒虎는 易하고 開口告人은 難이니라.

입산금호는 **이**하고 **개구고인**은 **난**이니라.

산에 들어가 호랑이를 사로잡기는 쉬워도, 입을 열어 남에게 충고하기는 어렵다.

하11-31

遠水는 不求近火요 遠親은 不如近隣이라.

원수는 **불구근화**요 **원친**은 **불여근린**이라.

먼 곳의 물은 가까운 곳의 불을 끄지 못하고, 먼 곳의 친척은 가까운 이웃만 같지 못하다.

하11-32

太公이 曰, 日月이 雖明이나 不照覆盆之下하고 刀刃이 雖快나 不斬無罪之人하고 非災橫禍는 不入愼家之門이니라.

태공이 **왈**, **일월**이 **수명**이나 **부조복분지하**하고 **도인**이 **수쾌**나 **불참무죄지인**하고 **비재횡화**는 **불입신가지문**이니라.

태공께서 말씀하셨다. "해와 달이 비록 밝으나 엎어진 동이 밑을 비출 수는 없으며, 칼날이 비록 잘 들기는 하나 죄 없는 사람을 벨 수 없고, 뜻하지 않은 재앙은 조심하는 집의 문에는 들어오지 못한다."

하11-33

太公이 曰, 良田萬頃이 不如薄藝隨身이니라.

태공이 **왈, 양전만경**이 **불여박예수신**이니라.

태공께서 말씀하셨다. "좋은 밭의 만개 이랑은 보잘 것 없는 재주를 몸에 지니는 것만 못하다."

하11-34

性理書에 云, 接物之要는 己所不欲을 勿施於人하고 行有不得이어든 反求諸己니라.

성리서에 **운, 접물지요**는 **기소불욕**을 **물시어인**하고 **행유부득**이어든 **반구저기**니라.

성리서에 이르기를, "다른 사람을 대할 때의 요점은 자기가 하고자 하지 않는 것을 남에게 베풀지 않는 것이고, 행하여도 얻지 못하는 것이 있다면 돌이켜 자신에게서 원인을 찾아야 한다."

하11-35

酒色財氣四堵墻에 多少賢愚在內廂이라 若有世人跳得出이면 便是神仙不死方이니라.

주색재기사도장에 **다소현우재내상**이라 **약유세인도득출**이면 **변시신선불사방**이니라.

술과 여색과 재물과 기운의 네 개의 담장(세상) 안에 다소의 어진 사람들과 어리석은 사람이 행랑 안에 있다. 만약 세상 사람 중에 이곳을 벗어날 수 있는 사람이 있다면 그것은 곧 신선처럼 죽지 않는 방법이다.

第12 立教篇 (입교편)

가르침을 세워라

12-1

子曰, 立身有義而孝爲本이요 喪祀有禮하니 而哀爲本이요 戰陣有列하니 而勇爲本이요 治政有理하니 而農爲本이요 居國有道하니 而嗣爲本이요 生財有時하니 而力爲本이니라.

자왈, 입신유의이효위본이요 **상사유례**하니 **이애위본**이요 **전진유열**하니 **이용위본**이요 **치정유리**하니 **이농위본**이요 **거국유도**하니 **이사위본**이요 **생재유시**하니 **이력위본**이니라.

공자께서 말씀하셨다. "몸을 세움에는 의(義)가 있으니 효도가 근본이 되고, 장례와 제사에는 예(禮)가 있으니 슬픔이 근본이요, 싸움터에는 대열이 있으니 용맹이 근본이며, 나라를 다스림에는 이치가 있으니 농사가 근본이 되고, 나라를 지키는 데에는 도리가 있으니 대(代)를 잇는 것이 근본이 되며, 재물을 생산함에는 때가 있으니 노력이 근본이 된다."

12-2

景行錄에 云, 爲政之要는 曰公與淸이요 成家之道는 曰儉與勤이니라.

경행록에 **운, 위정지요**는 **왈공여청**이요 **성가지도**는 **왈검여근**이니라.

경행록에 이르기를, "정치를 하는 중요한 것은 공평과 청렴이라 할 것이요, 집안을 이루는 방법은 절약과 부지런함이다.

12-3

讀書는 起家之本하고 循理는 保家之本이며 勤儉은 治家之本이고 和順은 齊家之本이니라.

독서는 **기가지본**하고 **순리**는 **보가지본**이며 **근검**은 **처가지본**이고 **화순**은 **제가지본**이니라.

독서는 집안을 일으키는 근본이요, 이치를 따르는 것은 집안을 보존하는 근본이며, 부지런하고 절약함은 집안을 다스리는 근본이요, 화목하고 순종하는 것은 집을 가지런히 하는 근본이다.

12-4

孔子의 三計圖에 云, 一生之計는 在於幼하고 一年之計는 在於春하고 一日之計는 在於寅이니 幼而不學이면 老無所知요 春若不耕이면 秋無所望이요 寅若不起면 日無所辦이니라.

공자의 **삼계도**에 **운, 일생지계**는 **재어유**하고 **일년지계**는 **재어춘**하고

일일지계는 **재어인**이니 **유이불학**이면 **노무소지**요 **춘약불경**이면 **추무소망**이요 **인약불기**면 **일무소판**이니라.

공자의 세 가지 계획에 이르기를, "일생의 계획은 어릴 때 있고, 일년의 계획은 봄에 있고, 하루의 계획은 새벽에 있으니, 어려서 배우지 않으면 늙어서 아는 바가 없고, 만약 봄에 밭을 갈지 않으면 가을에 바랄 것이 없으며, 새벽에 일어나지 않으면 하루의 일에 힘쓸 수 없다."

12-5

性理書에 云, 五敎之目은 父子有親하고, 君臣有義, 夫婦有別하고, 長幼有序, 朋友有信이니라.

성리서에 **운, 오교지목**은 **부자유친**하고 **군신유의**하며 **부부유별**하고 **장유유서**하며 **붕우유신**이니라.

성리서에 이르기를, "다섯가지 가르침의 덕목은 부모와 자녀 사이에는 친함이 있어야 하고, 임금과 신하 사이에는 의리가 있어야 하며, 남편과 아내 사이에는 분별이 있어야 하고, 어른과 아이 사이에는 차례가 있어야 하며, 친구 사이에는 믿음이 있어야 한다."

12-6

三綱은 君爲臣綱이요 父爲子綱이요 夫爲婦綱이니라.

삼강은 **군위신강**이요 **부위자강**이요 **부위부강**이니라.

삼강이란 임금은 신하의 모범이 되고, 부모는 자녀의 모범이 되며, 남편은 아내의 모범이 되는 것이다.

12-7

王蠋이 **曰**, **忠臣**은 **不事二君**이요 **烈女**는 **不更二夫**니라.

왕촉[53]이 **왈, 충신**은 **불사이군**이요 **열녀**는 **불경이부**니라.

왕촉이 말하였다. "충신은 두 임금을 섬기지 아니하고, 강하고 곧은 여자는 두 남편을 섬기지 않는다."

12-8

忠子가 **曰**, **治官**에 **莫若平**이요 **臨財**에 **莫若廉**이니라.

충자가 **왈, 치관**에 **막약평**이요 **임재**에 **막약렴**이니라.

충자가 말하였다. "관리가 다스리는 것에 공평함 만한 것이 없고, 재물을 대하는 것에 청렴함 만한 것이 없다."

---

53 (미상~B.C 284) 전국 시대 제(齊)나라 화읍(畵邑, 臨淄 區高) 사람. 낙의(樂毅)가 처음 제나라를 격파했을 때 그가 어질다는 소문을 듣고 군대에 명령해 화읍 주변 30리를 포위하도록 해 들어가지 못하도록 하고 예의를 갖춰 만가(萬家)에 봉하고는 연(燕)나라를 돕도록 청했다. 그는 끝내 사양하고 나가지 않았는데, 연나라 사람들이 위협하자 나무에 목을 매 자살했다.

12-9

張思叔의 座右銘에 曰, 凡語必忠信하고 凡行을 必篤敬하며, 飮食을 必愼節하고 字劃을 必楷正하며 容貌를 必端莊하고 衣冠을 必肅整하며 步履를 必安詳하고 居處를 必正靜하며 作事를 必謀始하고 出言을 必顧行하며 常德을 必固持하고 然諾을 必重應하며 見善如己出하고 見惡如己病하라. 凡此十四者는 皆我未深省이라 書此當座隅하며 朝夕視爲警하노라.

장사숙[54]의 **좌우명**에 **왈, 범어**를 **필충신**하고 **범행**을 **필독경**하며 **음식**을 **필신절**하고 **자획**을 **필해정**하며 **용모**를 **필단장**하고 **의관**을 **필숙정**하며 **보리**를 **필안상**하고 **거처**를 **필정정**하며 **작사**를 **필모시**하고 **출언**을 **필고행**하며 **상덕**을 **필고지**하고 **연락**을 **필중응**하며 **견선여기출**하고 **견악여기병**하라. **범차십사자**는 **개아미심성**이라 **서차당좌우 조석시위경**하노라.

장사숙의 좌우명에서 말하였다, "무릇 모든 말은 반드시 진실되고 믿음직스럽게 하며, 모든 행동은 반드시 후덕하고 공경스럽게 해야 하며, 음식은 반드시 삼가고 절제해야 하고, 글씨는 반드시 반듯하게 써야 하며, 용모는 반드시 단정하여야 거리낌 없이 하고, 의관은 반드시 반듯하고 엄숙하게 하여야 하며, 발걸음은 반드시 안정되고 점잖게 해야 하고, 거처는 반드시 바르고 고요해야 하며, 일을 할 때는 반드시 계획을 세워 시작하고, 말을 할 때는 반드시 행할 수 있을지를 생각하며, 덕을 항상

54 중국 북송 때의 학자, 성리학자인 정이천(程伊川)의 제자로 이름은 역(繹)사숙(思叔)은 그의 자이다.

반드시 굳게 지녀야 하고, 승낙은 반드시 신중하게 응해야 하며, 선한 것을 보기를 내게서 나온듯이 하고, 악한 것을 보기를 나의 병인 듯 여겨야 한다. 무릇 이 열네 가지는 내가 아직 깊이 살피지 못하였으니, 이것을 글로 써서 오른쪽 자리에 붙여 놓고는 아침과 저녁으로 보며 조심한다."

12-10

范益謙의 座右銘에 曰, 一不言朝廷利害邊報差除하고 二不言州縣官員長短得失하며 三不言衆人所作過惡之事하고 四不言仕進官職趨時附勢하며 五不言財利多少厭貧求富하고 六不言淫媟戱慢評論女色하며 七不言求覓人物干索酒食이라.

범익겸[55]의 **좌우명**에 **왈, 일불언조정이해변보차제**하고 **이불언주현관원장단득실**하며 **삼불언중인소작과오지사**하고 **사불언사진관직추시부세**하며 **오불언재리다소염빈구부**하고 **육불언음설희만평론여색**하며 **칠불언구멱인물간색주식**이라.

범익겸의 좌우명에서 말하였다. "첫째, 조정의 이해관계와 변방의 보고와 관직의 임명을 말하지 말고, 둘째, 주와 현의 관원들의 장점과 단점이나 얻음과 잃음을 말하지 말며, 셋째, 여러 사람이 저지른 허물과 악행을 말하지 말고, 넷째, 관직에 나아가고, 시류에 따르고 권세에 아부

55 중국 남송대의 학자로 이름은 충(冲)이고 자는 원장(元長)이다.

하는 것을 말하지 말며, 다섯째, 재물의 이익이 많고 적음과 가난을 싫어하고 부유함을 구하는 것을 말하지 말고, 여섯째, 음란하고 난잡한 농담이나 여색에 대한 평을 말하지 않으며, 일곱째, 다른 사람의 물건을 탐하거나 술과 음식을 요구하는 말을 하지 말라."

又人付書信이어든 不可開坼沈滯하고 與人竝坐에 不可窺人私書요 凡入人家에 不可看人文字하고 凡借人物에 不可損壞不還하며 凡喫飮食에 不可揀擇去取하고 與人同處에 不可自擇便利하며 凡人富貴를 不可歎羨詆毁니라. 凡此數事에 有犯之者면 足以見用意之不肖니 於存心修身에 大有所害라 因書以自警하노라.

우인부서신이어든 **불가개탁침체**하고 **여인병좌**에 **불가규인사서**요 **범입인가**에 **불가간인문자**하고 **범차인물**에 **불가손괴불환**하며 **범끽음식**에 **불가간택거취**하고 **여인동처**에 **불가자택편리**하며 **범인부귀**를 **불가탄선저훼**니라. **범차수사**에 **유범지자**면 **족이견용의지불초**니 **어존심수신**에 **대유소해**라 **인서이자경**하노라.

"또, 다른 사람이 부탁한 서신을 뜯거나 묵혀서 지체하지 말고, 다른 사람과 함께 앉아서 남의 개인적인 편지를 엿보아서는 안 되는 것이요, 무릇 남의 집에 들어가서는 남이 사사로이 적은 글들을 보아서는 안 되고, 무릇 남의 물건을 빌려와서 손상하거나, 돌려주지 않아서도 안 되며, 무릇 음식을 먹고 마실 때는 가려서 버리거나 취하지 말고 남과 함께 할 때는 자신의 편리만을 택해서는 안 되며, 무릇 남의 부귀를 감탄하여 부러워하거나 헐뜯어서도 안 된다. 무릇 이 몇 가지 일들을 범하는 자는 마음 씀씀이가 어질지 못하니 마음을 보존하고 몸을 닦는데에 해로움이 크게 있다. 그러므로 이 글을 써서 스스로 조심한다."

12-11

武王이 **問太公曰, 人居世上**에 **何得貴賤貧富不等**고 **願聞說之**하여 **欲知是矣**로다. **太公**이 **曰, 富貴**는 **如聖人之德**하여 **皆由天命**이어니와 **富者**는 **用之有節**하고 **不富者**는 **家有十盜**니라.

무왕[56]이 **문태공왈, 인거세상**에 **하득귀천빈부부등**고 **원문설지**하여 **욕지시의**로다. **태공**이 **왈, 부귀**는 **여성인지덕**하여 **개유천명**이어니와 **부자**는 **용지유절**하고 **불부자**는 **가유십도**니라.

무왕이 태공에게 물어 말하였다. "사람이 세상을 살아가는데 어찌하여 귀함과 천함, 가난과 부유함이 평등하지 않습니까? 원하건대 그것에 대해 말씀을 듣고 그 까닭을 알고 싶습니다." 태공이 말하였다. "부귀는 성인의 덕과 같아서 모두 하늘의 명에서 비롯되는 것인데, 부유한 사람은 절제하여 쓰고 부유하지 못한 사람은 집안에 열 가지 도둑이 있기 때문입니다."

---

56 (B.C 1169~B.C 1116) 중국 주(周)나라의 시조. 문왕(文王) 창(昌)의 아들. 이름은 발(發). 문왕이 닦아 놓은 국력을 바탕으로 하여 은(殷)나라의 주왕(紂王)을 쳐서 중원천하(中原天下)를 통일함. 태공망(太公望)으로 스승을 삼고 주공 단(周公旦)으로 보필(輔弼)하게 하여 선정을 베풀었다.

12–12

武王이 曰, 何爲十盜닛고 太公이 曰, 時熟不收가 爲一盜요 收積不了가 爲二盜요 無事燃燈寢睡가 爲三盜요 慵懶不耕이 爲四盜요 不施工力이 爲五盜요 專行巧害가 爲六盜요 養女太多가 爲七盜요 晝眠懶起가 爲八盜요 貪酒嗜慾이 爲九盜요 强行嫉妬가 爲十盜리이다.

무왕이 **왈, 하위십도**닛고 **태공**이 **왈 시숙불수**가 **위일도**요 **수적불료**가 **위이도**요 **무사연등침수**가 **위삼도**요 **용라불경**이 **위사도**요 **불시공력**이 **위오도**요 **전행교해**가 **위육도**요 **양녀태다**가 **위칠도**요 **주면라기**가 **위팔도**요 **탐주기욕**이 **위구도**요 **강행질투**가 **위십도**리이라.

무왕이 말하였다. "무엇을 열 가지 도둑이라 합니까?" 태공이 대답하였다. "곡식이 무르익었는데도 제 때에 거두지 않는 것이 첫 번째 도둑이요, 곡식을 거두고도 쌓아두기를 마치지 않는 것이 두 번째 도둑이고, 아무 일 없이 등불을 켜놓고 잠자는 것이 세 번째 도둑이다. 게을러서 밭을 갈지 않는 것이 네 번째 도둑이요, 애써서 드린 힘을 발휘하지 않는 것이 다섯 번째 도둑이요, 교활하게 하며 남을 해치는 일만 오로지 행하는 것이 여섯째 도둑이요, 딸 기르기를 너무 지나치게 하는 것이 일곱째 도둑이요, 낮잠을 자고 아침에 게을리 일어나는 것이 여덟째 도둑이요, 술을 탐하고 욕심을 즐기는 것이 아홉째 도둑이요, 억지로 다른 사람에게 질투를 하는 것이 열 번째 도둑입니다."

12-13

武王이 **曰**, **家無十盜而不富者**는 **何如**닛고 **太公**이 **曰**, **人家**에 **必有三耗**니이다. **武王**이 **曰**, **何名三耗**닛고 **太公**이 **曰**, **倉庫漏濫不蓋**하여 **鼠雀亂食**이 **爲一耗**요 **收種失時**가 **爲二耗**요 **抛撒米穀穢賤**이 **爲三耗**니이다.

무왕이 **왈**, **가무십도이불부자**는 **하여**닛고 **태공**이 **왈** **인가**에 **필유삼모**니이다. **무왕**이 **왈**, **하명삼모**닛고 **태공**이 **왈**, **창고누람불개**하여 **서작란식**이 **위일모**요 **수종실시**가 **위이모**요 **포살미곡예천**이 **위삼모**니이다.

무왕이 말하였다. “집안에 열가지 도둑이 없는데도 부유하지 못한 자는 어찌하여 그렇습니까?” 태공이 대답하였다. “집안에 반드시 세 가지 낭비함이 있습니다.” 무왕이 말하였다. “무엇을 세 가지 낭비라고 합니까?” 태공이 대답하였다. “창고가 새고 밖으로 넘쳐나는데도 막지 않아 쥐와 참새들이 어지럽게 먹는 것이 첫 번째 낭비함이요, 거두고 심는 것에 때를 놓치는 것이 두 번째 낭비함이요, 곡식을 흩어 버리고 더럽고 천하게 다루는 것이 세 번째 낭비입니다.”

12-14

武王이 **曰**, **家無三耗而不富者**는, **何如**닛고 **太公**이 **曰**, **人家**에 **必有一錯二誤三痴四失五逆六不祥七奴八賤九愚十强**하여 **自招其禍**요 **非天降殃**이니이다.

무왕이 **왈**, **가무삼모이불부자**는 **하여**닛고 **태공**이 **왈**, **인가**에 **필유일착**

이오삼치사실오역육불상칠노팔천구우십강하여 자초기화요 비천강앙이니이다.

무왕이 말하였다. "집안에 세 가지 낭비함이 없는데도 부자가 되지 않은 못하는 것은 왜 그렇습니까?" 태공이 말하였다. "집안에 반드시 첫째 어긋남, 둘째 잘못, 셋째 어리석음, 넷째 실수, 다섯째 거스름, 여섯째 상서롭지 못함, 일곱째 노비 짓, 여덟째 천박함, 아홉째 어리석음, 열번째 억지스러움이 있으니, 그 화를 스스로 부르는 것이지, 하늘이 재앙을 내리는 것은 아닙니다."

12-15

武王이 曰, 願悉聞之하나이다. 太公이 曰, 養男不敎訓이 爲一錯이요 婴孩不訓이 爲二誤요, 初迎新婦不行嚴訓이 爲三痴요, 未語先笑가 爲四失이요 不養父母가 爲五逆이요 夜起赤身이 爲六不祥이요 好挽他弓이 爲七奴요 愛騎他馬가 爲八賤이요 喫他酒勸他人이 爲九愚요 喫他飯命朋友가 爲十强이니이다. 武王이 曰, 甚美誠哉라 是言也여.

무왕이 왈, 원실문지하나이다. 태공이 왈, 양남불교훈이 위일착이요 영해불훈이 위이오요 초영신부불행엄훈이 위삼치요 미어선소가 위사실이요 불양부모가 위오역이요 야기적신이 위육불상이요 호만타궁이 위칠노요 애기타마가 위팔천이요 끽타주권타인이 위구우요 끽타반명붕우가 위십강이니이다. 무왕이 왈 심미성재라 시언야여.

무왕이 말하였다. "원컨대 그것을 모두 듣고 싶습니다." 태공이 말하였다. "자녀를 기르면서 가르치지 아니함이 첫째의 어긋남이요, 어린아이를 훈계하지 않는 것이 두 번째 잘못이요, 처음 새 며느리를 맞아들여 엄한 훈계를 행하지 않는 것이 세 번째 어리석음이요, 말하기 전에 웃어버리는 것이 네 번째 실수요, 부모를 봉양하지 않음이 다섯째 거스름이요, 밤중에 발가벗은 몸으로 일어나는 것이 여섯째 상서롭지 못한 일이요, 남의 활을 당기기를 좋아함이 일곱째 노비 짓이요, 남의 말을 타기를 좋아함이 여덟째 천한 짓이요, 남의 술을 얻어먹으며 다른 사람에게 권하는 것이 아홉째 어리석음이요, 남의 밥을 얻어 먹으면서 친구에게 먹기를 권하는 것이 열 번째 뻔뻔스러움 입니다." 무왕이 말하였다. "참으로 아름답고 옳은 말씀입니다."

第13 治政篇 (치정편)

나라를 다스리다

13-1

明道先生이 **曰, 一命之士**도 **苟存心於愛物**이면 **於人**에 **必有所濟**니라.

명도선생[57]이 **왈, 일명지사**[58]도 **구존심어애물**이면 **어인**에 **필유소제**니라.

명도 선생님께서 말씀하셨다. "벼슬에 처음 임명된 선비라도 진실로 물건을 아끼는(비축하고) 마음이 있다면 (때가 되면) 반드시 남을 구제할 수 있다."

13-2

唐太宗御製에 **云, 上有麾之**하고 **中有乘之**하며 **下有附之**하여 **幣帛衣之**요 **倉廩食之**하니 **爾俸爾祿**이, **民膏民脂**라 **下民**은 **易虐**이어니와 **上蒼**은 **難欺**니라.

---

57 정호(程顥, 1032~1085) 중국 북송때 자는 백순(伯淳), 시호(諡號)는 순공(純公). 명도선생(明道先生)으로 호칭되었다. 도학의 대표적인 학자, 성리학과 양명학 원류의 한 사람이다. 伊川(이천) 程頤(정이)가 그의 동생이다.

58 옛날 벼슬의 품계는 일명(一命)부터 구명(九命)까지 있었으므로 벼슬에 처음 임명된 낮은 벼슬자리를 말한다.

당태종[59]**어제**에 **운, 상유휘지**하고 **중유승지**하며 **하유부지**하여 **폐백의 지**요 **창름식지**하니 **이봉이록**이 **민고민지**라 **하민**은 **이학**이어니와 **상창**은 **난기**니라.

당나라 태종의 어제에 이르기를, "위로는 지휘하는 임금이 있고, 중간에는 이를 이어 다스리고 관리가 있고, 그 아래에는 이를 따르는 백성이 있어, 예물로 받은 비단으로 옷을 만들어 입고, 창고에 있는 쌀을 먹으니, 너희들이 받는 녹봉이 모두 다 백성의 피와 땀이다. 백성을 학대하기는 쉬우나, 위에 있는 푸른 하늘은 속이기는 어려운 것이다."

13-3

童蒙訓에 **曰. 當官之法**에 **唯有三事**하니 **曰淸曰愼曰勤**이라 **知此三者**면 **則知所以持身矣**니라.

동몽훈[60]에 **왈, 당관지법**에 **유유삼사**하니 **왈청왈신왈근**이라 **지차삼자**면 **즉지소이지신의**니라.

동몽훈에 말하였다. "벼슬을 하는 방법에는 오직 세가지 일이 있으니, 청렴이라 할 것이요, 신중이라 할 것이요, 근면이라 할 것이다. 이 세 가지를 알면 처신하는 방법을 알 수 있을 것이다."

---

59 중원 왕조 당唐(618~907)의 제2대 황제. 이름은 세민(世民). 실질적인 창건자로 평가받고 있다. 아버지인 고조(高祖) 이연(李淵)을 도와 당의 창건에 결정적 계기가 되었던 반란(618)을 주도했다. 재위 기간 중 돌궐족을 몰아냈고 중국을 통일했다.

60 중국 송나라 때의 유학자인 여본중(呂本中)이 가숫(家塾)의 교재로 사용하기 위해 경전에서 격언이 될 만한 내용의 문장을 뽑아 만든 책이다.

13-4

當官者는 必以暴怒爲戒하여 事有不可어든 當詳處之면 必無不中이어니와 若先暴怒면 只能自害라 豈能害人이리오.

당관자는 **필이폭노위계**하여 **사유불가**어든 **당상처지**면 **필무부중**이어니와 **약선폭노**면 **지능자해**라 **기능해인**이리오.

벼슬하는 사람은 반드시 사납게 화내는 것을 경계해야 한다. 일에 옳지 않은 것이 있으면 마땅히 상세히 처리하면 반드시 맞지 않는 것이 없을 것이다. 만약 먼저 사납게 화를 내면 다만 자신을 해롭게 할 뿐이지, 어찌 남을 해롭게 하겠는가?

13-5

事君을 如事親하고 事官長을 如事兄하며 與同僚를 如家人하고 待群吏를 如奴僕하며 愛百姓을 如妻子하고 處官事를 如家事然後에야 能盡吾之心이니 如有毫末不至면 皆吾心에 有所未盡也니라.

사군을 **여사친**하고 **사관장**을 **여사형**하며 **여동료**를 **여가인**하고 **대군리**를 **여노복**하며 **애백성**을 **여처자**하고 **처관사**를 **여가사연후**에야 **능진오지심**이니 **여유호말부지**면 **개오심**에 **유소미진야**니라.

임금을 어버이를 섬기듯 하고, 윗사람을 형을 섬기는 것 같이 하며, 동료를 가족처럼 대하며, 아전을 자기집 노복처럼 대하며, 백성을 아내와 자식같이 사랑하며, 나라의 일을 내 집안 일처럼 처리하고 난 후에야 능히 내 마음을 다했다 할 것이니, 만약 털끝만큼이라도 이에 이르지 못한 것이 있으면 모두 내 마음에 다하지 못한 것이 있는 것이다.

13-6

或이 問, 簿는 佐令者也라 簿所欲爲를 令或不從이면 柰何닛고 伊川先生이 曰, 當以誠意動之라 今令與簿不和는 只是爭私意요 令은 是邑之長이니 若能以事父兄之道로 事之하여 過則歸己하고 善則唯恐不歸於令하여 積此誠意면 豈有不動得人이리오.

혹이 **문, 부**는 **좌령좌야**라 **부소욕위**를 **영혹부종**이면 **내하**닛고 **이천선생**이 **왈, 당이성의동지**라 **금령여부불화**는 **변시쟁사의**요 **영**은 **시읍지장**이니 **약능이사부형지도**로 **사지**하여 **과즉귀기**하고 **선즉유공불귀어령**하여 **적차성의**면 **기유부동득인**이리오.

어떤 사람이 물었다. "부(簿)는 현령을 보좌하는 사람인데 부가하고자 하는 것을 현령이 혹 따르지 않는다면 어떻게 합니까?" 정이천 선생이 말씀하셨다. "마땅히 정성된 뜻으로 감응시켜야 할 것이다. 지금 현령과 부가 화목하지 못한 것은 다만 사사로운 생각으로 다투기 때문이다. 현령은 고을의 우두머리이니, 만약 아버지와 형을 섬기는 도리로 섬기되, 잘못이 있으면 자기 탓으로 돌리고 잘한 것이 있을 때 현령에게 그 공이 돌아가지 않으면 어쩌나 두려워하여, 이렇게 정성된 뜻을 쌓는다면 어찌 사람을 감응시키지 못하겠는가?"

13-7

劉安禮가 問臨民한대 明道先生이 曰, 使民各得輸其情이니라. 問御吏한대 曰, 正己以格物이니라.

유안례[61]가 **문림민**한대 **명도선생**이 **왈, 사민각득수기정**이니라. **문어리**한대 **왈, 정기이격물**이니라.

유안례가 백성에 대하는 방법에 대해서 물으니, 명도 선생께서 말씀하셨다. "백성들이 각각 그들의 마음을 말할 수 있게 하여야 한다." 아전을 거느리는 도리에 대해 물으니, 말씀하셨다. "나를 바르게 함으로써 다른 사람을 바르게 하여야 한다."

13-8

抱朴子[62]에 曰, 迎斧鉞而正諫하며 據鼎鑊而盡言이면 此謂忠臣也니라.

포박자에 **왈, 영부월이정간**하며 **거정확이진언**이면 **차위충신야**니라.

포박자에 말하였다, "도끼로 맞아서 죽을지라도 바르게 간언할 것이며, 솥에 삶아 죽을지라도 옳은 말을 다할 수 있다면 이를 일러 충신이라고 한다."

---

61 중국 북송 때의 관리로 자는 원소(元素)이다.

62 진(晉)나라 초기의 도가(道家)로 성은 갈(葛)이고 이름은 홍(洪)이며, 포박자는 그의 호이다.

第14 治家篇 (치가편)

집안을 다스리다

14-1

司馬溫公이 曰, 凡諸卑幼는 事無大小히 毋得專行하고 必咨稟於家長이니라.

사마온공이 **왈**, **범제비유**는 **사무대소**히 **무득전행**하고 **필자품어가장**이니라.

사마온 공이 말하였다. "무릇 지위가 낮은 사람과 나이 어린 사람이 일의 크고 작음에 구분없이 제멋대로 행동하지 말고, 반드시 집안의 어른께 묻고, 여쭈어 보아야 한다."

14-2

待客엔 不得不豊이요 治家엔 不得不儉이니라.

대객엔 **부득불풍**이요 **치가**엔 **부득불검**이니라.

손님을 맞이할 때에는 풍성하게 하지 않을 수 없으며, 집안을 다스릴 때에는 검소하게 해야 한다.

14-3

太公이 **曰**, **痴人**은 **畏婦**하며 **賢女**는 **敬夫**니라.

태공이 **왈**, **치인**은 **외부**하며 **현녀**는 **경부**니라.

태공이 말하였다. "어리석은 사람은 아내를 두려워하며, 어진 여자는 남편을 공경한다."

14-4

凡使奴僕에 **先念飢寒**하라.

범사노복에 **선념기한**하라.

무릇 하인을 부릴 때는 먼저 굶주림과 추위를 생각하여야 한다.

14-5

子孝雙親樂이요 **家和萬事成**이라.

자효쌍친락이요 **가화만사성**이라.

자식이 효성스러우면 부모가 즐거워하고, 집안이 화목하면 모든 일이 이루어진다.

14-6

時時防火發이요 夜夜備賊來하라.

시시방화발이요 **야야비적래**하라.

수시로 불이 날 것을 예방하고, 밤마다 도둑이 들 것에 대비하라.

14-7

景行錄에 云, 觀朝夕之早晏이면 可以卜人家之興替니라.

경행록에 **운, 관조석지조안**이면 **가이복인가지흥체**니라.

경행록에 이르기를, "아침과 저녁의 이르고 늦음(일의 시작과 끝)을 관찰하면 그 집안이 흥할 것인지, 쇠퇴할 것인지를 알 수 있다."

14-8

文仲子가 曰, 婚娶而論財는 夷虜之道也니라.

문중자[63]가 **왈, 혼취이논재**는 **이로지도야**니라.

문중자가 말하였다. "혼인하고 장가가는 데 있어서 재물을 따지는 것은 오랑캐들의 방도이다."

---

63 왕통(王通, 582~616)은 수대(隨代)의 유학자로 자는 중엄(仲淹)이고 별호인 문중자(文中子)로도 불리며 유가사상 계승을 필생사업으로 여겼다.

第15 安義篇 (안의편)

의리에 편안해하다

15-1

顔氏家訓에 曰, 夫有人民而後에 有夫婦하고 有夫婦而後에 有父子하고 有父子而後에 有兄弟하니 一家之親은 此三者而已矣라自玆以往으로 至于九族에 皆本於三親焉이라 故로 於人倫에 爲重也니 不可不篤이라.

안씨가훈[64]에 **왈**, **부유인민이후**에 **유부부**하고 **유부부이후**에 **유부자**하고 **유부자이후**에 **유형제**하니 **일가지친**은 **차삼자이이의**라 **자자이왕**으로 **지우구족**에 **개본어삼친언**이라 **고**로 **어인륜**에 **위중야**니 **불가부독**이라.

안씨 가훈에 이르기를, "무릇 사람이 있은 뒤에 남편과 아내가 있고, 남편과 아내가 있은 뒤에 부모와 자녀가 있고, 부모와 자녀가 있은 뒤에 형과 아우가 있으니, 한 집안의 친함은 이 세 가지일 뿐이다. 이로부터 나아가 구족(九族)에 이르기까지 모두 남편과 아내, 부모와 자녀, 형과 아우에 근본을 둔다. 그러므로 인륜에 있어서 중요한 것이 되니 돈독하게 하지 않을 수 없다."

64 중국 남북조(南北朝) 시대 말기의 귀족 안지추(顔之推:531~591)가 자손을 위하여 저술한 교훈서이다.

15-2

莊子가 **曰, 兄弟**는 **爲手足**이요 **夫婦**는 **爲衣服**이니 **衣服破時**엔 **更得新**이어니와 **手足斷處**엔 **難可續**이니라.

장자가 **왈, 형제**는 **위수족**이요 **부부**는 **위의복**이니 **의복파시**엔 **갱득신**이어니와 **수족단처**엔 **난가속**이니라.

장자가 말하였다. "형과 아우는 손과 발이 되는 것이요, 남편과 아내는 의복이 되는 것이니, 의복이 헤지면 다시 새 것으로 입을 수 있지만, 손과 발의 끊어지면 잇기가 어렵다."

15-3

蘇東坡가 **云, 富不親兮貧不疎**는 **此是人間大丈夫**요 **富則進兮貧則退**는 **此是人間眞小輩**니라.

소동파가 **운, 부불친혜빈불소**는 **차시인간대장부**요 **부즉진혜빈즉퇴**는 **차시인간진소배**니라.

소동파가 말하였다. "상대방이 부유하다고 해서 친하지 않고, 가난하다고 해서 멀리하지 않는 것, 이것이 바로 인간 세상의 대장부라 할 것이요, 상대방이 부유하면 가까이 하고, 가난하면 물러가는 것, 이것이 바로 인간 세상의 진짜 소인배인 것이다."

第16 遵禮篇 (준례편)

예의를 따르다

16-1

子曰, 居家有禮故로 長幼辨하고 閨門有禮故로 三族和하며 朝廷有禮故로 官爵序하고 田獵有禮故로 戎事閑하며 軍旅有禮故로 武功成이라.

자왈, 거가유례고로 **장유변**하고 **규문유례고**로 **삼족화**하며 **조정유례고**로 **관작서**하고 **전렵유례고**로 **융사한**하며 **군려유례고**로 **무공성**이라.

공자께서 말씀하셨다. "집안에 있을 때에 예(禮)가 있으므로 어린이는 분별이 있고, 집안에 예가 있으므로 삼족(三族)이 화목하고, 조정에 예가 있으므로 벼슬과 지위에 차례가 있으며, 사냥하는데 예가 있으므로 군대의 일이 익숙해지며, 군대에 예가 있는 까닭에 무공(武功)이 이루어진다."

16-2

子曰, 君子有勇而無禮면 爲亂이요 小人有勇而無禮면 爲盜니라.

자왈, 군자유용이무례면 **위란**이요 **소인유용이무례**면 **위도**니라.

공자께서 말씀하셨다. "군자가 용기만 있고 예가 없으면 난리를 일으키고, 소인이 용기만 있고 예가 없으면 도둑이 된다."

16-3

曾子曰, 朝廷엔 莫如爵이요 鄕黨엔 莫如齒요 輔世長民엔 莫如德이라.

증자[65]**왈, 조정엔 막여작**이요 **향당**엔 **막여치**요 **보세장민**엔 **막여덕**이라.

증자께서 말씀하셨다. "조정에서는 벼슬 만한 것이 없고, 마을에서는 나이 만한 것이 없고, 세상을 돕고 백성의 어른 노릇하는 데에는 덕만한 것이 없다."

16-4

老少長幼는 天分秩序니 不可悖理而傷道也니라.

노소장유는 **천분질서**니 **불가패리이상도야**니라.

노인과 젊은이, 어른과 어린이는 하늘이 정해준 질서이니, 이치를 어겨서 도리를 상하게 해서는 안 된다.

65 (B.C 506~B.C 436) 중국 춘추시대의 유학자. 공자의 도(道)를 계승하였으며, 그의 가르침은 공자의 손자 자사를 거쳐 맹자에게 전해져 유교사상사에서 중요한 위치를 차지한다. ₩동양 5성의 한 사람이다.

16-5

出門에 **如見大賓**하고 **入室**에 **如有人**이라.

출문에 **여견대빈**하고 **입실**에 **여유인**이라.

문을 나설 때에는 큰 손님을 보듯이 하고, 방으로 들어 올 때에는 사람이 있는 것(홀로 있어도 몸가짐을 조심함)과 같이하여야 한다.

16-6

若要人重我인댄 **無過我重人**이니라.

약요인중아인댄 **무과아중인**이니라.

만약 다른 사람이 나를 소중히 여기기를 바란다면, 내가 다른 사람을 소중하게 여기는 것보다 나은 것은 없다.

16-7

父不言子之德하고 **子不談父之過**니라.

부불언자지덕하고 **자부담부지과**니라.

부모는 자녀의 덕을 말하지 않고, 자녀는 부모의 허물을 말하지 않는다.

第17 言語篇 (언어편)

말을 조심하라

17-1

劉會가 曰, 言不中理면 不如不言이니라.

유회가 **왈, 언부중리**면 **불여불언**이니라.

유회가 말하였다. “말이 이치에 맞지 않으면 말하지 아니함만 못하다.”

17-2

一言不中이면 千語無用이니라.

일언부중이면 **천어무용**이니라.

한 마디의 말이 (이치에) 합당하지 않으면 천 마디 말이 쓸모가 없다.

17-3

君平이 曰, 口舌者는 禍患之門이요 滅身之斧也니라.

군평[66]이 **왈, 구설자**는 **화환지문**이요 **멸신지부야**니라.

---

66 자세한 기록은 없으나 전한대(前漢代)의 무제(武帝)때 사람인 엄군평(嚴君平)으로 추측된다.

엄군평이 말하였다. "입과 혀는 재앙과 근심의 문이고, 몸을 망치는 도끼와 같다"

17-4

利人之言은 煖如綿絮하고 傷人之語는 利如荊棘이라, 一言利人에 重値千金이요 一語傷人에 痛如刀割이니라.

이인지언은 **난여면서**하고 **상인지어**는 **이여형극**이라 **일언이인**에 **중치천금**이요 **일어상인**에 **통여도할**이니라.

다른 사람을 이롭게 하는 말은 솜처럼 따뜻하고, 다른 사람을 해치는 말은 가시처럼 날카롭다. 한 마디 말로 다른 사람을 이롭게 하는 것은 무겁기가 천금의 가치가 있고, 한 마디 말로 다른 사람을 상하게 하는 것은 칼로 베는 것 같은 아픔이 있다.

17-5

口是傷人斧요 言是割舌刀니 閉口深藏舌하면 安身處處牢니라.

구시상부인요 **언시할설도**니 **폐구심장설**하면 **안신처처뢰**니라.

입은 사람을 해치는 도끼이고, 말은 혀를 베는 칼이니, 입을 막고 혀를 깊이 감추면 어디에서나 몸은 편안해 진다.

17-6

逢人且說三分話하여 **未可全抛一片心**이라 **不怕虎生三個口**하고 **只恐人情兩樣心**하라.

봉인차설삼분화하여 **미가전포일편심**이라 **불파호생삼개구**하고 **지공인정량양심**하라.

다른 사람을 만나서 잠시 약간의 말을 주고 받되, 자신의 속마음까지 전부 다 내비쳐서는 안 된다. 호랑이 세 마리의 입이 두려운 것이 아니고 오직 사람의 두 가지 마음이 두려운 것이다.

17-7

酒逢知己千鐘少요 **話不投機一句多**라.

주봉지기천종소요 **화불투기일구다**라.

술은 나를 알아주는 친구를 만나면 천 잔도 적고, 말은 기회가 맞지 않으면 한 마디도 많다.

第18 交友篇 (교우편)

벗을 사귀다

18-1

子曰, 與善人居에 如入芝蘭之室하여 久而不聞其香이라도 卽與之化矣요 與不善人居에 如入鮑魚之肆하여 久而不聞其臭라도 亦與之化矣니 丹之所藏者는 赤하고 漆之所藏者는 黑이라 是以로 君子는 必愼其所與處者焉이니라.

자왈, 여선인거에 **여입지란지실**하여 **구이불문기향**이라도 **즉여지화의**요 **여불선인거**에 **여입포어지사**하여 **구이불문기취**라도 **즉여지화의**니 **단지소장자**는 **적**하고 **칠지소장자**는 **흑**이라 **시이**로 **군자**는 **필신기소여처자언**이니라.

공자께서 말씀하셨다. "선한 사람과 함께 하는 것은 마치 향기로운 풀(지초와 난초)이 있는 방안에 들어간 것과 같아서 오래되면 그 냄새를 맡지 못하지만, 이는 바로 향기와 더불어 동화된 것이요, 착하지 못한 사람과 함께 하는 것은 마치 절인 생선 가게에 들어간 것과 같아서 오래되면 그 냄새를 맡지 못하니, 이 또한 냄새와 더불어 동화된 것이니, 붉은 모래를 품고 있는 사람은 붉어지고, 옻을 품고 있는 사람은 검어진다. 그러므로 군자는 함께하는 사람을 반드시 조심해야 한다."

18-2

家語에 云, 與好學人同行하면 如霧露中行하여 雖不濕衣라도 時時有潤하고 與無識人同行이면 如厠中坐하여 雖不汚衣라도, 時時聞臭니라.

가어에 **운, 여호학인동행**하면 **여무로중행**하여 **수불습의**라도 **시시유윤**하고 **여무식인동행**이면 **여측중좌**하여 **수불오의**라도 **시시문취**니라.

가어(家語)에 이르기를, "학문을 좋아하는 사람과 함께 하면 마치 안개와 이슬 속을 걸어가는 것과 같아서 비록 옷은 젖지 않더라도 때때로 축축함이 있고, 무식한 사람과 함께 하면 마치 뒷간에 앉은 것 같아서 비록 옷은 더럽히지 않더라도 때때로 그 냄새를 맡게 된다."

18-3

子曰, 晏平仲은 善與人交로다 久而敬之온여

자왈, 안평중[67]은 **선여인교**로다 **구이경지**온여

공자께서 말씀하셨다. "안평중은 사람과 사귀기를 잘하였으니, (사귐이) 오래되었는데도 그 벗을 공경하였다."

---

67 (B.C 578~B.C 500) 안영은 중국 춘추시대 제나라의 명재상으로 자는 중(仲), 시호는 평(平). 안약(晏弱, 안환자)의 아들이다.

18–4

相識이 滿天下로되 知心能幾人고

상식이 **만천하**로되 **지심능기인**고

서로 알고 지내는 사람은 세상에 가득한데 (나의) 마음을 알아주는 사람은 몇이나 되겠는가?

18–5

酒食兄弟는 千個有로되 急難之朋은 一個無니라.

주식형제는 **천개유**로되 **급난지붕**은 **일개무**니라.

술과 음식을 함께 마시고 먹을 때에는 형제같은 친구가 천 명이 있으나, 위급하고 어려울 때 (도와주는) 친구는 한 명도 없다.

18–6

不結子花는 休要種이요 無義之朋은 不可交니라.

불결자화는 **휴요종**이요 **무의지붕**은 **불가교**니라.

열매를 맺지 않는 꽃은 심지 말 것이고, 의리 없는 친구는 사귀지 말라.

18-7

君子之交는 **淡如水**하고 **小人之交**는 **甘若醴**니라.

군자지교는 **담여수**하고 **소인지교**는 **감약래**니라.

군자의 사귐은 맑기가 물과 같고, 소인의 사귐은 달기가 단 술과 같다.

18-8

路遙에 **知馬力**하고 **日久**에 **見人心**이니라.

노요에 **지마력**하고 **일구**에 **견인심**이니라.

길이 멀어야 말의 힘을 알 수 있고, 오랜 시간을 지내보아야 사람의 마음을 볼 수 있다.

第19 婦行篇 (부행편)
부인의 행실

19-1

益智書에 云, 女有四德之譽하니 一曰婦德이요 二曰婦容이요 三曰婦言이요 四曰婦工也라.

익지서에 **운, 여유사덕지예**하니 **일왈부덕**이요 **이왈부용**이요 **삼왈부언**이요 **사왈부공야**라.

익지서에 이르기를, "여자에게는 네 가지 칭찬받을 덕이 있으니, 첫째는 부인의 덕이요, 둘째는 부인의 용모요, 셋째는 부인의 말이요, 넷째는 부인의 일이다.

19-2

婦德者는 不必才名絶異요 婦容者는 不必顔色美麗요 婦言者는 不必辯口利詞요 婦工者는 不必技巧過人也니라.

부덕자는 **불필재명절이**요 **부용자**는 **불필안색미려**요 **부언자**는 **불필변구리사**요 **부공자**는 **불필기교과인야**니라.

부인의 덕이라는 것은 재주와 이름이 뛰어난 것이 아니고, 부인의 용모란 반드시 얼굴이 아름답고 고운 것이 아니고, 부인의 말이란 입담이 좋아서 말을 잘하는 것이 아니고, 부인의 일이라는 것은 반드시 손재주가 다른 사람보다 뛰어난 것을 말하는 것이 아니다.

19-3

其婦德者는 **淸貞廉節**하며 **守分整齊**하며 **行止有恥**하며 **動靜有法**이니 **此爲婦德也**요 **婦容者**는 **洗浣塵垢**하여 **衣服鮮潔**하며 **沐浴及時**하여 **一身無穢**니 **此爲婦容也**요 **婦言者**는 **擇師而說**하여 **不談非禮**하고 **時然後言**하여 **人不厭於人**이니 **此爲婦言也**요 **婦工者**는 **專勤紡績**하고 **勿好葷酒**하며 **供具甘旨**하여 **以奉賓客**이니 **此爲婦工也**니라.

기부덕자는 **청정렴절**하며 **수분정제**하며 **행지유치**하며 **동정유법**이니 **차위부덕야**요 **부용자**는 **세완진구**하여 **의복선결**하며 **목욕급시**하여 **일신무예**니 **차위부용야**요 **부언자**는 **택사이설**하여 **부담비례**하고 **시연후언**하여 **인불염기언**이니 **차위부언야**요 **부공자**는 **전근방적**하고 **물호훈주**하며 **공구감지**하여 **이봉빈객**이니 **차위부공야**니라.

부인의 덕이란 (마음이) 맑고 곧으며 (성품이) 청렴하고 절개를 지니고 있으며, 분수를 지키고 몸가짐을 가지런히 하며, 행동거지에 얌전하고 조심성이 있으며, 움직임에 법도가 있는 것이니 이것이 부인의 덕이 되는 것이요, 부인의 용모란 몸의 먼지나 때를 씻어내며, 의복을 곱고 깨끗하게 하며, 때때로 목욕을 하여 몸에 더러움을 없게 하는 것이니 이것이 부인의 용모가 되는 것이요, 부인의 말이란 본받을 만한 말을 가려서 하되, 예의에 벗어난 말은 하지 않으며, 때에 알맞은 말을 한 후에 사람들이 그 말을 싫어하지 않는 것이니 이것이 부인의 말이 되는 것이요, 부인의 일이란 길쌈을 부지런히 하며 특이한 냄새가 나는 채소와 술을 좋아하지 않으며, 좋은 맛을 장만하여 손님을 받드는 것이니 이것이 부인의 일이 된다.

19-4

此四德者는 **是婦人所不可缺者**라 **爲之甚易**하고 **務之在正**하니 **依此而行**이면 **是爲婦節**이니라.

차사덕자는 **시부인소불가결자**라 **위지심이**하고 **무지재정**하니 **의차이행**이면 **시위부절**이니라.

이 네 가지 덕은 부인으로서 하나도 빼놓을 수 없는 것들이다. 행하기는 쉬우며, 힘쓰는 것이 올바름에 달려 있으니, 이에 따라서 행한다면 바로 아내의 예의범절이 된다.

19-5

太公曰, 婦人之禮는 **語必細**니라.

태공왈, 부인지례는 **어필세**니라.

태공이 말하였다. "부인의 예절은 말소리가 반드시 자상하고 고와야 한다."

19-6

賢婦는 令夫貴하고 佞婦는 令夫賤이라

현부는 **영부귀**하고 **영부**는 **영부천**이라.

어진 아내는 남편을 귀하게 하고, 간사한 아내는 남편을 천하게 한다.

19-7

家有賢妻면 夫不遭橫禍니라.

가유현처면 **부부조횡화**니라.

집안에 현명한 아내가 있으면 남편이 뜻하지 않은 재앙과 환난을 만나지 않는다.

19-8

賢婦는 和六親하고 佞婦는 破六親이니라.

현부는 **화육친**하고 **영부**는 **파육친**이니라.

현명한 아내은 육친(부 · 모 · 형 · 제 · 처 · 자)을 화목하게 하고, 간악한 아내는 육친의 화목함을 깨뜨린다.

1 매일 읽는 인성교양교재

나무가 먹줄을 받으면 곧아지고

사자소학(四字小學) · 명심보감(明心寶鑑)

발행인 교장 김효진
기　획 교감 신익수
편　역 상동규
발행일 1판 1쇄 2022년 3월 2일
1판 2쇄 2023년 3월 2일
발행처 대전생활과학고등학교

펴낸이 이영옥
펴낸곳 도서출판 이든북 (042 · 222 · 2536)
이메일 eden-book@daum.net
주　소 (34625) 대전광역시 동구 중앙로193번길 73

ISBN 979-11-6701-193-0(43000)
값 18,000원

* 이 책은 2022 혁신사업비를 지원받아 본교 학생들의 진로 · 인성교육용으로 제작되었으며, 판매 수익은 학생장학금으로 전액 사용됩니다.

참고자료 사자소학과 함께하는 즐거운 여름방학(부산교육청)
사자소학, 성백효, 전통문화연구회(2002)
명심보감, 성백효, 전통문화연구회(2003)
명심보감, 추적, 성균관(1999)
명심보감, 지준
네이버 지식백과